BestMasters

Mit **„BestMasters"** zeichnet Springer die besten Masterarbeiten aus, die an renommierten Hochschulen in Deutschland, Österreich und der Schweiz entstanden sind. Die mit Höchstnote ausgezeichneten Arbeiten wurden durch Gutachter zur Veröffentlichung empfohlen und behandeln aktuelle Themen aus unterschiedlichen Fachgebieten der Naturwissenschaften, Psychologie, Technik und Wirtschaftswissenschaften. Die Reihe wendet sich an Praktiker und Wissenschaftler gleichermaßen und soll insbesondere auch Nachwuchswissenschaftlern Orientierung geben.

Springer awards **"BestMasters"** to the best master's theses which have been completed at renowned Universities in Germany, Austria, and Switzerland. The studies received highest marks and were recommended for publication by supervisors. They address current issues from various fields of research in natural sciences, psychology, technology, and economics. The series addresses practitioners as well as scientists and, in particular, offers guidance for early stage researchers.

Lisa Fabian

Gewalt in der klinischen Geburtshilfe

Der Einfluss von Gewalterfahrungen unter der Geburt auf die postpartale Befindlichkeit von Müttern

Springer

Lisa Fabian
Parchim, Deutschland

ISSN 2625-3577 ISSN 2625-3615 (electronic)
BestMasters
ISBN 978-3-658-43285-0 ISBN 978-3-658-43286-7 (eBook)
https://doi.org/10.1007/978-3-658-43286-7

Die Deutsche Nationalbibliothek verzeichnet diese Publikation in der Deutschen Nationalbibliografie; detaillierte bibliografische Daten sind im Internet über http://dnb.d-nb.de abrufbar.

Planung/Lektorat: Marija Kojic
Springer ist ein Imprint der eingetragenen Gesellschaft Springer Fachmedien Wiesbaden GmbH und ist ein Teil von Springer Nature.
Die Anschrift der Gesellschaft ist: Abraham-Lincoln-Str. 46, 65189 Wiesbaden, Germany

Das Papier dieses Produkts ist recyclebar.

Zusammenfassung

Das Ziel der vorliegenden Arbeit ist, herauszufinden, inwieweit Gewalterfahrungen unter der Geburt Einfluss auf die postpartale Befindlichkeit von Frauen, im engeren Sinne bezüglich der postpartalen Depression und posttraumatischen Belastungsstörung, haben.

Methode: In dieser Arbeit wurde eine retrospektive Querschnittserhebung zu Gewalterleben und postnataler Befindlichkeit von 302 Müttern ausgewertet, die von Juli bis September 2022 an einer von der Verfasserin durchgeführten Online-Studie teilgenommen haben. Zum Einsatz kamen dabei neben einem Anamnesefragebogen ein Gewaltscreener, die Edinburgh Postnatal Depression Scale (EPDS), die Impact-of-Event-Skala -revidiert (IES_R) sowie die Salmon's Item List in der deutschen Fassung nach Stadlmayr (SIL-Ger_12).

Ergebnis: Die Studie hat ergeben, dass rund ein Drittel der an der Erhebung teilgenommen habenden Mütter mindestens eine Form psychischer und/ oder körperlicher Gewalt unter der Geburt erfahren hat. 50,5 % der gewaltbetroffenen Mütter entwickelten daraufhin Symptome einer postpartalen Depression und 5,1 % die einer PTBS. Die Wahrscheinlichkeit, eine postpartale Depression zu entwickeln, war bei den Frauen um 15,5 Prozentpunkte und bei PTBS um 4,1 Prozentpunkte erhöht, wenn Gewalt unter der Geburt vorlag. Zudem ergab sich ein Zusammenhang zwischen der Qualität der Hebammenbetreuung sowie der Möglichkeit einer selbstbestimmten Geburt und Gewalterfahrungen unter der Geburt: 21,21 % der Gewaltbetroffenen haben keine selbstbestimmte und individuelle Geburt erfahren und 80 % stuften die Hebammenqualität als gering ein. Als weitere Einflussfaktoren auf die postpartale Befindlichkeit zeigten sich das Geburtserleben, vorangegangene Psychotherapien und die Zufriedenheit mit der Hebammenbetreuung unter der Geburt.

Konklusion: Das Thema Gewalt unter der Geburt ist ein wichtiges gesellschaftliches sowie gesundheits- und frauenpolitisches Thema. Es bedarf daher (mehr) Informationen, Hilfsangeboten sowie der gezielten Schulung von Fachkräften, um diesem Problem angemessen zu begegnen. Es benötigt ferner eine Verbesserung der geburtshilflichen Versorgung in Deutschland, eine Enttabuisierung des Themas sowie die negativen physischen und psychischen Folgen von Gewalt unter der Geburt für Mutter und deren Kinder zu vermeiden. Dazu bedarf es zugleich mehr Forschung im Bereich der Gewalt bei der Geburtshilfe sowie eine einfühlsame, respektvolle Hebammenbetreuung.

Inhaltsverzeichnis

Abbildungsverzeichnis

Tabellenverzeichnis

1 Einleitung

Die seit den frühen 1990er-Jahren vor dem Hintergrund der ersten großen Wirtschaftskrise in Deutschland einsetzende Ökonomisierung des Gesundheitswesens (vgl. Rakowitz 2020, 19), wozu u. a. die Hospitalisierung und Pathologisierung sowie die Medikalisierung und Technologisierung der Geburtshilfe zählen, steht der Selbstbestimmung gebärender Frauen diametral entgegen. Die Medikalisierung beschreibt den Vorgang, bei dem Geburt medizinisch betrachtet wird. Der (natürliche) Vorgang einer Geburt wird als „krankhaft" angesehen, den es mit Interventionen und technischen Hilfsmitteln wie dem CTG zu überwachen gilt (vgl. Vetter 2001, 82 f.; Eichenauer 2016, o. S.). Laut Eichenauer (2016) entwickeln sich Folgen wie eine Lücke in der flächendeckenden Versorgung der Geburtshilfe und der Rückgang einer natürlichen physiologischen Geburt (vgl. Eichenauer 2016, o. S.). In diesem Diskurs rückte auch das Thema „Gewalt unter der Geburt" vermehrt in den Fokus (vgl. Jung 2017, 33).

„Ich fühlte mich entmündigt, ausgeliefert und missbraucht. Ich lag nackt vor vielen Menschen da, die mich behandelten, als wäre ich nur ein Tier auf der Schlachtbank, das es nicht wert war, dass man sich menschlich kümmert" (Mundlos 2015, 8). Mit diesem Zitat soll auf das tabuisierte Thema der Respektlosigkeit vonseiten der betroffenen Mütter bei der Geburtshilfe hingewiesen werden. Es stammt aus dem Buch „Gewalt unter der Geburt" von Christina Mundlos, die die entsprechende Gewaltausübung im deutschsprachigen Raum thematisiert (vgl. Mundlos 2015). Bereits seit 2011 laden die AkteurInnen des Roses Revolution Day am 25. November jedes Jahres Frauen dazu ein, Berichte von ihren gewaltvollen Geburtserfahrungen im Internet zu teilen und die Einrichtungen, in denen ihnen ebendiese Gewalt widerfahren ist, mit einer Rose zu bedenken. Sie postulieren, dass jede Frau das Recht auf eine würdevolle Begleitung während der Geburt hat (vgl. UN Women Deutschland e. V. 2018, o. S.).

L. Fabian, *Gewalt in der klinischen Geburtshilfe*, BestMasters,
https://doi.org/10.1007/978-3-658-43286-7_1

Der wissenschaftliche Fokus des Themas „Gewalt in der Geburtshilfe" ist in Deutschland jung und die Datenlage daher noch gering. Studien im deutschsprachigen Raum legen allerdings nahe, dass Gewalt bei der Geburtshilfe sehr weit verbreitet ist und bis zu 75 Prozent der gebärenden Frauen betrifft (vgl. Leinweber et al. 2021, 98; Stern TV-Redaktion 2019, o. S.).

Das 2022 in Berlin gegründete „Bündnis gute Geburt" schreibt in seinem Bündnispapier dazu Folgendes:

> Frauen und Familien sind während der Schwangerschaft, der Geburt und der ersten Wochen mit Neugeborenen zu oft nicht gut versorgt. Ihre Bedürfnisse werden nicht als maßgeblich anerkannt und sie werden nicht als aktiver Teil des Geburtsgeschehens ernst genommen. Als Folge erleben zu viele Frauen traumatische Geburten. (Beck et al. 2022, 1)

Auch der Deutsche Hebammenverband weist auf entsprechende Missstände hin und fordert daher einen gesellschaftlich-politischen Diskurs zu diesem sensiblen Thema (vgl. Deutscher Hebammenverband e.V. 2018, 2).

Um effektive Maßnahmen und Hilfsangebote zur Verbesserung der Situation zu entwickeln, sind (mehr) qualitative sowie quantitative Studien vonnöten. Das Bundesministerium für Gesundheit hat hierzu 2021 eine Förderbekanntgabe veröffentlicht. Gegenstand der Förderung sind Vorhaben zur Erhebung von Erfahrungen rund um die Geburt, die mit bis zu 400.000 Euro bezuschusst werden (vgl. Bundesministerium für Gesundheit 2021b, 5).

Die Geburt sowie die Zeit im ersten Lebensjahr des Babys bedeuten für die Mütter eine gravierende physische, emotionale und soziale Veränderung. Die Geburt und die Zeit danach werden laut Mundt-Smejda & Gänszle (2016) vielfach gut bewältigt, manchmal aber entwickeln Mütter auch eine psychische Erkrankung (vgl. Mundt-Smejda & Gänszle 2016, 63). Das Spektrum reicht vom sogenannten Babyblues über postpartale Depression hin zur posttraumatischen Belastungsstörung (vgl. Dorsch & Rohde 2016, 357).

Während einige Tage nach der Geburt etwa 40 bis 80 Prozent der Mütter unter dem „Babyblues" (Stimmungstief nach der Geburt) leiden, welcher nach ein paar Tagen ohne psychiatrische Behandlung nachlässt (vgl. Heinisch et al. 2019, 2), manifestieren sich bei bis zu 15 Prozent Symptome einer postpartalen Depression, die eine behandlungsbedürftige depressive Erkrankung nach einer Geburt darstellt (vgl. Reulbach et al. 2019, 708). Rund ein Viertel der Mütter entwickelt eine posttraumatische Belastungsstörung (psychische Erkrankung nach einem belastenden Ereignis) (vgl. De Schepper et al. 2016).

Vor diesem Hintergrund stellt sich die folgende Frage: Besteht möglicherweise ein Zusammenhang zwischen unter der Geburt erlebten Gewalterfahrungen und der Entstehung postpartaler psychischer Störungen bei den Frauen?

Dies ist das Thema der vorliegenden Forschungsarbeit, der die folgende Forschungsfrage zugrunde gelegt wird:

Inwieweit haben Gewalterfahrungen unter der Geburt Einfluss auf das postpartale Befinden der Frau?

Um sich dieser Frage zu nähern, ist die Forschungsarbeit folgendermaßen aufgebaut:

Nach der Einleitung folgt ab Kapitel 2 eine theoretische Hinführung mit einer thematischen Auseinandersetzung mit der Geburt. Im Kapitel 3 werden psychosoziale Aspekte von Geburt beschrieben. Hiernach wird in Kapitel 4 die Gewalt in der Geburtshilfe aufgegriffen, um sich in Kapitel 5 mit der postpartalen Befindlichkeit, im engeren Sinne mit postpartaler Depression und posttraumatischer Belastungsstörung, auseinanderzusetzen.

Anschließend folgt ab Kapitel 6 der Forschungssteil, in dem der Studienverlauf beschrieben wird. In Kapitel 7 werden die Studienergebnisse dargelegt, in Kapitel 8 diskutiert und schlussendlich wird in Kapitel 9 ein Resümee gezogen.

Geburt

2

Beim weit verbreiteten Kreißsaalmodell werden Gebärende gemeinsam von Hebammen und ÄrztInnen betreut, wobei dieses Modell unter ärztlicher Leitung steht (vgl. Bodner-Adler 2011, 709). Ein neueres Modell ist der hebammengeleitete Kreißsaal, welcher seit 2003 erstmals in Deutschland am Klinikum Bremerhaven Reinkenheide eröffnete (vgl. Bauer et el. 2007, 7 f.). Die Hebammen betreuen selbständig und eigenverantwortlich gesunde Schwangere und können bei gegebenenfalls auftretenden Problemen unter der Geburt ÄrztInnen hinzuziehen (vgl. Bauer et al. 2007, 11). Rund 759 000 Kinder, einschließlich Zwillings- und Mehrlingsgeburten, wurden im Jahr 2020 in einem Krankenhaus in Deutschland geboren. Unabhängig davon, auf welche Weise ein Kind zur Welt kommt, spielt das Helferteam bei der Begleitung der Frauen während und nach der Schwangerschaft eine wichtige Rolle. Im Jahr 2020 leisteten 11 535 Hebammen und Entbindungspfleger Geburtshilfe (vgl. Statistisches Bundesamt 2022a, o. S.) für 743 899 Gebärende in deutschen Krankenhäusern (vgl. Statistisches Bundesamt 2022b, 89).

2.1 Phasen der Geburt

Eine Geburt ist ein komplexer physiologischer Ablauf, der dazu dient, das Kind aus dem Uterus der Frau hinauszugeleiten. Dieser Vorgang ist dann als normal bzw. natürlich zu „bezeichnen, wenn der Ablauf spontan mit dem Schädel des Kindes voran vaginal erfolgt" (Chalubinski & Husslein 2011, 685).

L. Fabian, *Gewalt in der klinischen Geburtshilfe*, BestMasters,
https://doi.org/10.1007/978-3-658-43286-7_2

Die Geburt wird wie folgt in drei Geburtsphasen unterteilt: die Eröffnungsphase, die Austreibungsphase und die Nachgeburtsphase, welche nachfolgend erläutert werden.

2.1.1 Die Eröffnungsphase

Diese Phase beginnt mit der regelmäßigen Wehentätigkeit und dauert bis zur vollständigen Öffnung des Muttermunds (vgl. Gogarten & Busley 2019, 1396). Durch eine regelmäßige Wehentätigkeit mit einer Frequenz von fünf- bis 20-mal pro Stunde, d. h. alle drei bis zehn Minuten mit einer Dauer von 30 bis 60 Sekunden öffnet sich nach und nach der Muttermund auf 10 cm. Eine Geburtswehe besteht aus einer Phase des Anstiegs des intrauterinen Drucks, dem Wehenhöhepunkt und dem Nachlassen des Drucks bzw. der Erschlaffung der Gebärmutter (vgl. Steck 2008, 134 f.).

Sollte die Fruchtblase geplatzt sein, auch wenn noch keine oder nur eine unkoordinierte Wehentätigkeit vorliegt, befindet sich die Frau bereits unter der Geburt (vgl. Steck 2008, 132). Die Eröffnungsperiode dauert bei einer Erstgebärenden durchschnittlich neun bis zehn Stunden und bei einer Mehrgebärenden sieben Stunden (vgl. Steck 2008, 133).

2.1.2 Die Austreibungsphase

Diese Phase dauert vom Ende der Eröffnungsphase bis zur Geburt des Kindes (vgl. Gogarten & Busley 2019, 1396). Die Austreibungswehen, auch Presswehen genannt, beginnen etwa ab dem Zeitpunkt der vollständigen Öffnung des Muttermundes. Die Austreibungswehen sind durch eine Zunahme der Wehenfrequenz auf vier bis fünf pro zehn Minuten und der Wehendauer auf 60 bis 90 Sekunden gekennzeichnet. Das Verhältnis von Wehendauer zu Wehenpause sollte idealerweise 1:2 betragen, da der intrauterine Druck durch das Pressen sehr stark steigt und die Plazenta dann nicht durchblutet wird. Die Funktion der Austreibungswehen besteht in der Aufdehnung des vaginalen Geburtswegs und des Tiefertretens des vorangehenden Teils, zumeist des Babykopfes. Die Presswehen bewirken die Leitung des Kindes durch den Beckenboden. Stößt der vorangehende Teil auf den Beckenboden, wird über die Nervenbahnen ein Pressdrang ausgelöst, der die Schwangere reflektorisch zur Betätigung der Bauchpresse anregt (vgl. Steck 2008, 135).

Bei Erstgebärenden liegt die durchschnittliche Dauer der Austreibungsphase bei zwei bis drei Stunden. Mehrgebärende durchlaufen hingegen nur noch eine ca. 30-minütige Pressphase (vgl. Steck 2008, 136).

2.1.3 Die Nachgeburtsphase

Diese Phase erstreckt sich von der Geburt des Kindes bis zur Geburt der Plazenta (vgl. Gogarten & Busley 2019, 1396).

Wenige Minuten nach der Geburt des Kindes setzen üblicherweise die Nachgeburtswehen ein, welche weitaus schwächer als die Austreibungswehen sind und kaum oder nur als leicht wahrgenommen werden. Sie reduzieren den Blutverlust und verkleinern die plazentare Haftfläche, wodurch sich die Plazenta loslöst (vgl. Steck 2008, 136). Die normale Dauer der Plazentaperiode (Zeit bis zur vollständigen Geburt der Plazenta) beträgt 30 Minuten, danach spricht man von einer verzögerten Lösung der Plazenta (vgl. Steck 2008, 148).

Zur Nachgeburtsperiode gehört ebenfalls das Abnabeln des Babys von der Plazenta. Dabei werden das sofortige, frühe oder späte Abnabeln unterschieden (vgl. Steck 2008, 147).

Bei der Sofortabnabelung wird die Nabelschnur abgeklemmt, sobald diese nach der Geburt des Kindes sichtbar ist. Dadurch soll eine weitgehende Vermeidung des Übertrittes von plazentarem Blut in den fetalen Kreislauf bei Blutgruppenunverträglichkeit erreicht werden (vgl. Steck 2008, 147).

Bei der Frühabnabelung wird die Nabelschnur nach etwa einer Minute abgeklemmt, nachdem die Erstversorgung des Kindes durchgeführt worden ist. Dieses stellt ein routinemäßiges Vorgehen bei einer Geburt mit geringem Risikostatus dar.

Von einer Spätabnabelung wird dann gesprochen, wenn die Nabelschnur nach dem Auspulsieren oder deren Ausstreichen in Richtung Kind abgeklemmt wird (vgl. Steck 2008, 147).

Wie die Frau die einzelnen Geburtsphasen und Wehenschmerzen empfindet, hängt maßgeblich von ihrer psychischen Verfassung, der Geburtsvorbereitung und den Möglichkeiten zur Schmerzverarbeitung ab (vgl. Steck 2008, 136).

2.2 Geburtspositionen

Seit den Anfängen des 18. Jahrhunderts kam es durch die Ablösung des bis dahin häufig genutzten Gebärstuhls (aufrechte Position) durch das Bett in der klinischen Geburtshilfe vermehrt zu liegenden Gebärstellungen. Erst ab ca. 1970 wurden aufrechte Positionen für den Geburtsverlauf wieder als vorteilhaft für das Wohlbefinden der Schwangeren und eine günstige Druckverteilung auf den Damm (Dammrissrate dadurch geringer) angesehen (vgl. Löhrs 2006, 214).

Psychologisch gesehen nimmt die Gebärende in der Rückenlage eine ungeschützte Haltung ein, in der sie ihren Intimbereich im Kreißsaal völlig unbekannten Personen preisgibt. Für gebärende Frauen kann dieser Vorgang beschämend und befremdlich sein. Hinzu kommt, dass bei der passiven liegenden Haltung die aktive Steuerung und Kontrolle des Bewegungsvorgangs beeinträchtigt werden (vgl. Ahner & Kuntner 2011, 706). Durch die eher aktive Rolle der Gebärenden in wechselnden oder aufrechten Gebärpositionen herrschen größere Möglichkeiten der Selbstbestimmung und Autonomie der Frau. Das in liegender Position verstärkte Gefühl des Ausgeliefertseins wird in dem Fall vermindert. Das Einbeziehen der Partnerin bzw. des Partners als Hilfsperson unterstützt im Idealfall die Partnerbindung (vgl. Löhrs 2006, 214) und Regulationsmechanismen des limbischen Systems können Endorphine freisetzen. Dadurch können wiederum Stress, Angst und Spannung abgebaut und die Wirkung des Hormons Oxytozin unterstützt werden, welches die emotionale Mutter-Kind-Bindung nach der Geburt fördert (vgl. Ahner & Kuntner 2011, 706). Mögliche Gebärpositionen sind u. a. die Rückenlage (angewinkelte, abgespreizte Beine), die Seitenlage (oberes Bein am Körper angewinkelt), der Vierfüßlerstand und diverse Hockstellungen.

Im Rahmen einer individuellen, selbstbestimmten Geburtshilfe sollte die Gebärende ihre Geburtsposition selbst finden und jederzeit wechseln können (vgl. Löhrs 2006, 215).

2.3 Eingriffe in den Geburtsverlauf

Laut Bundesministerium für Bildung und Forschung (BMBF) erleben in Deutschland nur rund 8 % der gesunden Schwangeren eine Geburt in der Klinik ohne medizinische Eingriffe wie Dammschnitt, Saugglocke, Peridualanästhesie (PDA) etc. (vgl. Bundesamt für Bildung und Forschung 2011, o. S). Welche Eingriffe in den Geburtsverlauf bzw. im Falle von Geburtsschmerzen möglich sind, wird im Folgenden näher betrachtet.

Schmerztherapie bei Geburtsschmerzen

Im Rahmen der Geburt entstehen Schmerzen durch Kontraktionen der Gebärmutter (Wehen) und die Eröffnung des Gebärmutterhalses. Eine außerordentlich schmerzhafte Geburt kann für die Frau schwerwiegende und nachhaltige Folgen haben. Hierzu zählen die Verstärkung einer postpartalen Depression und die posttraumatische Belastungsstörung, welche auch Einfluss auf das spätere Sexualleben im Sinne einer Traumatisierungsstörung, den späteren Kinderwunsch und/oder den zukünftigen Geburtsmodus (z. B. Kaiserschnitt) haben können. Vor diesem Hintergrund ist es wichtig, Schmerzen während der Geburt ernst zu nehmen und in einem multidisziplinären Ansatz ein individuelles Konzept zur Schmerztherapie während der Geburt zu erarbeiten (vgl. Jochberger et al. 2017, 369).

Heute stehen in der modernen Geburtshilfe verschiedene Verfahren zur Schmerzlinderung zur Verfügung.

Bei leichten Schmerzen können entspannende und psychotherapeutische Interventionsmaßnahmen wie Atemtechniken, Entspannungsbäder sowie Homöopathie und Akupunktur zum Einsatz kommen. Damit soll der Kreis aus Angst, Spannung und Schmerz unterbrochen werden. Bei moderaten Schmerzen können zusätzlich Lachgas eingesetzt werden. Sind die Schmerzen hingegen sehr stark und für die Frau kaum (noch) zu ertragen, wird zumeist eine PDA gelegt (vgl. Jochberger 2017, 369).

Die Gabe von Oxytozin (Wehentropf) wirkt sich verstärkend auf die Frequenz und Intensität der Wehen aus, daher ist die Anwendung zur Geburtseinleitung, Wehenstimulation, Plazentaaustreibung bzw. postpartalen Rückbildung der Gebärmutter weit verbreitet (vgl. Chalubinki & Husslein 2011).

Kaiserschnitt

Von den rund 759 000 Frauen, die deutschlandweit im Jahr 2020 in einem Krankenhaus ein Kind zur Welt gebracht haben, hat fast jede dritte Frau per Kaiserschnitt entbunden. Das Statistische Bundesamt (Destatis) veröffentlichte 2022 in einer Pressemitteilung, dass die Kaiserschnittrate 2020 bundesweit bei 29,7 % lag, während sie 1991 in Deutschland noch bei 15,3 % lag (vgl. Statistisches Bundesamt 2022a, o. S.).

Offensichtlich steigt die Zahl der Kaiserschnitte. Dafür gibt es verschiedene Gründe, wie die geburtshilfliche Präferenz (Einhalten von Zeitplänen, Einnahmequelle etc.) (vgl. World Health Organization 2015a) und eine steigende Nachfrage nach einer Sectio (Schnittentbindung) auf Verlangen der Schwangeren (vgl.

Stark & Wacker 2020, 223). Aber auch die Zunahme von Adipositas bei Müttern und/oder eine Beckenendlage des Kindes sind weitere Gründe für einen Kaiserschnitt (vgl. World Health Organization 2015a).

Etwa 10 % der Kaiserschnittentbindungen in Deutschland werden ohne medizinische Indikation durchgeführt. Genaue Zahlen zur Häufigkeit der „Wunschsectio" (Schnittentbindung ohne medizinischen Grund) existieren nicht, da in den Erhebungsbögen für die statistische Erhebung der Qualitätssicherung der Bundesgeschäftsstelle kein Feld für die Angabe „Wunschsectio" enthalten ist (vgl. Stark & Wacker 2020, 224). Als persönliche Beweggründe kommen z. B. Motive wie Angst vor Schmerz und Kontrollverlust, Versagensängste und die Furcht, anderen ausgeliefert zu sein, Sicherheit für das Kind, Furcht vor Beeinträchtigungen des Kindes durch eine normale oder instrumentelle Geburt, Furcht vor Verletzungen im Dammbereich, die zu Harn- oder Stuhlinkontinenz führen können, sowie Furcht vor gestörtem Sexualempfinden infrage. Dabei spielen verschiedene Einflüsse wie vorangegangene (traumatische) Geburten oder beängstigende Gespräche mit der eigenen Mutter über die eigene Geburt eine Rolle (vgl. Bockenheimer-Lucius 2002, 191).

Saugglocke und Zangengeburt

Eine Saugglocke wird am Kopf des Kindes angesetzt. Durch den dadurch erzeugten Unterdruck kann das Kind aus dem Geburtskanal gezogen werden (vgl. Rigutti 1996). Die Gründe für die Zuhilfenahme dieses Instruments sind z. B. der Geburtsstillstand in der Austreibungsphase und/oder drohender kindlicher Sauerstoffmangel. Durch dieses Vorgehen ist eine rasche Beendigung der Geburt möglich, dabei kann es aufgrund der Druckveränderung aber auch zu Blutungen beim Kind kommen (vgl. Stauber & Weyerstahl 2013). Die geburtshilfliche Zange besteht aus zwei Metalllöffeln, die den Kopf des Kindes greifen sollen. Dieses Instrument kommt hauptsächlich dann zum Einsatz, wenn die Wehen in der Austreibungsphase zu schwach oder die Beckenbodenmuskeln zu stark angespannt sind und die Geburt dadurch zum Stillstand kommt (vgl. Azzawi 1993).

Die Indikatoren der Zangenextraktion sind dieselben wie bei der Saugglocke, lediglich die Frühgeburt kommt hierbei als zusätzlicher Indikator dazu. Als Vorteil dieser Methode wird ebenso die rasche Geburtsbeendigung genannt, jedoch besteht hierbei eine größere Verletzungsgefahr für Mutter und Kind (vgl. Stauber & Weyerstahl 2013).

Eine Saugglocke wurde im Jahr 2020 bei 6,00 % der Entbindungen eingesetzt, eine Geburtszange bei 0,4 % der Entbindungen (vgl. Statistisches Bundesamt 2022a, o. S.).

Dammschnitt

Beim Dammschnitt (auch Episiotomie genannt) wird der Damm in der Mitte des Bindegewebes durchtrennt, um beispielsweise die Geburt zu beschleunigen oder einem Dammriss vorzubeugen. Zur Reduzierung des Drucks auf den Beckenboden durch den kindlichen Kopf und zur Schonung des Damms wird der Dammschnitt vollzogen, bevor eine (potenzielle) Überdehnung stattfindet. Der passende Zeitpunkt ist, wenn das Durchtreten des Kopfes bei den nächsten zwei bis drei Wehen zu erwarten ist. Der Dammschnitt sollte kein routinemäßiger Eingriff sein (vgl. Chalubinski & Husslein 2011, 697).

Vaginale Untersuchung

Eine vaginale Untersuchung kann Auskunft über den Geburtsfortschritt geben. Dabei genügen laut Chalubinski & Husslein (2011) drei vaginale Untersuchungen unter der Geburt, wie bei der Aufnahme der Patientin in den Kreißsaal, nach dem Blasensprung sowie zum Beginn der Pressperiode.

Die Befunderhebung bei der vaginalen Untersuchung wird nach einem festen Schema durchgeführt und in die Dokumentation des Geburtsverlaufs eingetragen, z. B. die Kopflage des Babys und die Muttermundöffnung (vgl. Chalubinski & Husslein 2011, 392). Unter Umständen sind vaginale Eingriffe wie der Einsatz einer Saugglocke oder ein Dammschnitt bei Komplikationen (z. B. Abfallen der kindlichen Herztöne) notwendig. Zur Ableitung der kindlichen Herztöne muss vielleicht eine Elektrode am Köpfchen des Ungeborenen befestigt oder dessen Kopfhaut etwas Blut entnommen werden, um besser einschätzen zu können, wie es dem Baby bezogen auf den Geburtsverlauf geht. Es kann auch zu anderen invasiven Interventionen, wie Blasenkatheter, Spritzen oder Infusionen, kommen. Diese können zugleich jedoch enormen Stress bei der Mutter und/oder dem Kind auslösen und das Gefühl der Hilflosigkeit bestärken (vgl. Kruse 2017).

Generell bedürfen Eingriffe in den Geburtsverlauf Aufklärung seitens der Geburtshilfe. Die Hebammen und/oder ÄrztInnen haben die Frau z. B. über die Medikamentengabe zu informieren. Dazu gehört auch, Alternativen anzubieten. Nach dem deutschen Patientenrecht (vgl. Bundesgesetzblatt Online 2013) hat die Gebärende die Entscheidungsmacht über ihre Behandlung. Eine Ausnahme bilden dringende medizinische Notfälle mit Gefährdung des Kindes nach Wehenbeginn, dann darf nach § 32 des deutschen Strafgesetzbuches gegen den mütterlichen Willen gehandelt werden (vgl. Strafgesetzbuch o. J.). Doch auch in diesem seltenen Fall bedarf es der Aufklärung der Frau durch das Personal.

Psychosoziale Aspekte von Geburt 3

Gebärenden ist es laut der Studie von Lundgren (2009) wichtig, dass unter der Geburt neben den körperlichen und medizinischen Faktoren vor allem die Beziehung zur Hebamme im Fokus steht, welche einen Einfluss auf das Geburtserleben hat (vgl. Lundgren 2009, 120 f.). Der Zusammenhang zwischen dem Geburtserleben und der Hebammenbetreuung wird in diesem Kapitel näher betrachtet.

3.1 Das Geburtserleben

Es scheint zwei gesellschaftliche Konstrukte der Geburt zu geben, die einander gegenüberstehen. Dies ist einerseits eine Geburt als riskanter und medizinisch zu steuerndem Vorgang, welcher mit Sicherheit und Fortschritt gleichgesetzt wird, andererseits Geburt als natürliches, soziales Ereignis. Im ersten Fall werden von dem geburtshilflichen Personal (Hebammen/ÄrztInnen) dabei medizinisch-technische Kenntnisse angewandt. Die Prinzipien der (An-)Leitung und Überwachung überwiegen, um die von den ÄrztInnen als Risiko entworfene Geburt (potenziell) zum Vorteil für Mutter und Kind lenken zu können. Prozesse der Medikalisierung, Technisierung und Institutionalisierung sind eng mit diesem Modell verknüpft (vgl. Eckardt 2020, 10 f.).

Auf der anderen Seite zeigt sich seit den 1970er-Jahren eine Hinwendung zur Renaturalisierung und Demedikalisierung der Geburt. Die Geburt wird von der Frauengesundheitsbewegung/Geburtshausbewegung als ein natürlicher Prozess beschrieben (vgl. Jung 2017, 31), welcher Frauen prinzipiell bewältigen können und der vor allem ein biografisch und sozial zentrales Erlebnis sei (vgl. Eckardt 2020, 11). Der Diskurs über eine selbstbestimmte Geburt nimmt

L. Fabian, *Gewalt in der klinischen Geburtshilfe*, BestMasters,
https://doi.org/10.1007/978-3-658-43286-7_3

seither zu. Selbstbestimmung bezieht Fähigkeiten und Einstellungen ein, die notwendig sind, um das eigene Leben als ExpertInnen zu gestalten und eigene Entscheidungen frei zu treffen. Dazu gehören u. a. das autonome Handeln, die Lebensverwirklichung nach den eigenen Vorstellungen, ein Kontrollgefühl über das eigene Leben sowie Auswahlmöglichkeiten zu haben. Es bedarf geeigneter Rahmenbedingungen, damit persönliche Mitgestaltungs- und Mitsprachemöglichkeiten sowie Partizipation und Kontrolle geschaffen werden können (vgl. Kuhlig & Theunissen 2006, 241 f.). Selbstbestimmung unter der Geburt realisiert sich zudem als möglichst interventionsfreie, natürliche Geburt. Doch nicht immer gehen Informiertheit, Wollen und Entscheiden mit dem Verlauf und dem Erleben der Geburt so punktgenau zusammen (vgl. Jung 2017, 36). Das kann bei den Gebärenden Druck und Stress auslösen.

Es haben Vorbereitungskurse, Informationsabende, Klinikbesichtigungen, das Schreiben eines Geburtsplanes durch das Selbstbestimmungsparadigma und die umfangreiche Information über die unterschiedlichen Arten des Gebärens zugenommen (vgl. Eckardt 2020, 11 f.).

Gebärende Frauen als autonome und informierte Konsumentinnen bzw. Subjekte anzusehen, die dazu in der Lage sind, fachliche Aspekte der Geburtshilfe abzuwägen und somit selbst zu Expertinnen zu werden, kann nach Jung (2017) auch Schattenseiten bergen (vgl. Jung 2017, 37). Das beschriebene Selbstbestimmungsverständnis bürdet den Frauen demnach nicht nur im positiven, einflussreichen Sinne die Verantwortung für ihre Geburt(en) auf, sondern kann sich ins Gegenteil verkehren und in Schuldzuweisungen auslaufen. Den Frauen kann im Zeichen eines an Wissen, Vorbereitung und Entscheidung orientierten Selbstbestimmungsdiskurses entweder selbst die Verantwortung für traumatische oder negative Erfahrungen oder von Dritten die (alleinige) Verantwortung für ihre „schlechte" Geburt zugeschrieben werden (vgl. Jung 2017, 38).

Eine Studie von Schäfers (2015) zeigt, dass ein Anteil von 25,3 Prozent der 1.029 Erst- und Mehrgebärenden teilgenommen habende Frauen in Deutschland die Geburt ihres Kindes acht Wochen post partum als „negativ erlebt" bewerten. Sechs Monate nach der Geburt betrug dieser Anteil 23,8 Prozent. Zudem zeige sich ein Zusammenhang zwischen einem negativen Geburtserleben und gesundheitsbezogener Lebensqualität (vgl. Schäfers 2015, 2 ff.).

Die gesundheitsbezogene Lebensqualität ist ein multidimensionales Konstrukt aus Sicht des Individuums, welches aus Aspekten des sozialen, seelischen und körperlichen Wohlbefindens besteht. Die Lebensqualität ist von großer Bedeutung für die Fähigkeit der Eltern, sich einfühlsam auf ihr Kind einzulassen und angemessen auf die Signale und Bedürfnisse ihres Kindes zu reagieren (vgl. Witt et al. 2021, 242).

Das Konstrukt Geburtserfahrung bzw. Geburtserleben, welches hier synonym verwendet wird, ist ein individuelles Lebensereignis, das interagierende subjektive psychologische und physiologische Prozesse umfasst (vgl. Larkin et al. 2009).

Die meisten Frauen konzentrieren sich zu Beginn der Wehen darauf, das Selbstvertrauen zu bewahren, und neigen dazu, sich in eine innere Welt zurückzuziehen. Mit fortschreitender Geburt erleben Frauen einen veränderten Bewusstseinszustand, einschließlich einer veränderten Zeitwahrnehmung und intensiver Gefühle wie Todesangst. Die Frauen beschrieben verschiedene Möglichkeiten, mit dem Schmerz fertig zu werden und die Kontrolle zu behalten, was auch bedeuten kann, die Kontrolle gegebenenfalls an die Hebamme abzugeben.

> Die innere Kontrolle der Frau umfasst ein Gefühl der Selbstkontrolle, wie Gedanken, Emotionen, Verhaltensweisen und den Umgang mit Wehenschmerzen. Externe Kontrolle wird beschrieben als die Einbeziehung der Frau in das Geschehen während der Geburt, das Verstehen dessen, was die Hebammen tun, und die Einflussnahme auf die Entscheidungen. Was Frauen wichtig erscheint, ist nicht so sehr ‚Kontrolle zu haben', sondern vielmehr die affektive Komponente der Kontrolle, nämlich das Gefühl Einfluss zu haben, mitbestimmen zu können und Bezugspersonen zu haben, die darauf eingehen. Die externe Kontrolle der Frauen ergibt sich aus dem Gefühl informiert zu sein und Entscheidungen bei Bedarf revidieren zu können. (Olza et al. 2018, 8)

Mit dem Drang zu pressen fühlen sich die Frauen wieder wacher und aktiver. Unmittelbar nach der Geburt des Babys überwiegen idealerweise Gefühle von Freude und Stolz. Der Weg durch die Geburt bedeutet einen Zuwachs an persönlicher Stärke (vgl. Olza et al. 2018, 7) und könnte um folgende Themen erweitert werden: Begegnung mit der Hebamme, und der Umwelt/Umgebung, Begegnung mit dem Partner, Begegnung mit dem Baby, Begegnung mit Schmerz sowie der Begegnung mit sich selbst (vgl. Lundgren et al. 2009, 119).

Oehlhafen et al. (2021) befragten 6054 Mütter von 2019 bis 2020 in einer Querschnittsanalyse zur Zufriedenheit mit der Geburt. Das Ergebnis ist, dass eine von vier Frauen informellen Zwang erlebte, welcher die Zufriedenheit mit der Geburt senke, sowie das Risiko einer Wochenbettdepression erhöhe. „Informeller Zwang bezeichnet eine Reihe von Maßnahmen auf dem Kontinuum zwischen Selbstbestimmung und formellem Zwang, darunter Anstiftung, Überzeugung, Manipulation, Druck oder Drohung" (Oehlhafen et al. 2021, 2) durch das geburtshilfliche Team.

Auch Rose (2022) weist auf die Ambivalenz der selbstbestimmten Geburt zwischen Freiheit und Verantwortungs- bzw. Leistungsdruck hin (vgl. Rose 2022, 11). Die Botschaft des Selbstbestimmungsparadigmas laute, dass eine selbstbestimmte Geburt eine ideale Geburt sei, wenn sich die Frau ausreichend auf ihre

Rolle als „Regisseurin" vorbereitet habe und „weiß, was sie will, kann, braucht und was sie nicht will, nicht kann und nicht braucht" (Rose 2022, 20).

Waldenström (1999) kam in seiner Studie zu dem Ergebnis, dass die Beteiligung am Geburtsvorgang (durch die Gebärende wahrgenommene Kontrolle) und eine gute Unterstützung durch die Hebamme mit einem positiven Geburtserlebnis verbunden sind. Dahingegen seien Angst, starke Wehen, ein Kaiserschnitt, eine instrumentelle vaginale Entbindung, Lachgas sowie starke Schmerzen und eine Erstgeburt Risikofaktoren für ein negatives Geburtserleben.

Dies bestätigt auch eine Studie von Lütje und Schneider (2004). Im Rahmen einer retrospektiven Befragung von 251 Frauen in der Wochenbettzeit wurde erhoben, dass das Geburtserleben mit dem Geburtsmodus, den Interventionen vonseiten der Hebammen, dem Ausmaß an Betreuung, Kommunikation und Beteiligung korreliert. Die Gebärenden hätten dann ein besseres Geburtserleben, wenn sie sich von der Hebamme gut betreut fühlten. Bei zunehmenden Interventionen wie (Wunsch-)Einleitung, (Wunsch-)Sectio und PDA, würden sich Frauen eine umfassende Information vor und während der Geburt und Beteiligung wünschen. Soziale Faktoren, vor allem eine gute Betreuung durch eine Hebamme, scheinen eine wesentliche Voraussetzung für eine positive Geburtsbewältigung und ein gutes Geburtserleben zu sein.

Salmon (1990) entwickelte ein Instrument zur Messung des Geburtserlebens (Salmons Item List) und führt dabei die folgenden drei Dimensionen des Geburtserlebens an: Erfüllung, physisches Unbehagen und emotionale Adaption. Stadlmayr (2001) validierte dieses Messinstrument für den deutschsprachigen Raum und führte zugleich eine vierte Dimension, die des negativen emotionalen Erlebens, sprich die Enttäuschung nach der Geburt, ein. Stadlmayr (2006) fand heraus, dass sich die Dimensionen Erfüllung, emotionale Anpassung, körperliches Unbehagen und Angst spontan im Laufe des ersten Jahres nach der Geburt verbessern. Bei Frauen mit einem insgesamt negativen Geburtserleben und einem geringen Grad an wahrgenommener Beziehung zu der Hebamme bestünde hingegen ein hohes Risiko dahingehend, eine negative (Langzeit-)Erinnerung an das Geburtserlebnis zu behalten (vgl. Stadlmayr 2006, 223).

Das Geburtserlebnis hat das Potenzial, das Selbstvertrauen und das Vertrauen in andere zu stärken oder im Gegenteil Misserfolg oder Misstrauen zu bedeuten. Die Erlebnisse könnten auch desintegriert und nicht mehr Teil des Lebensabschnitts sein und als traumatischer Ablauf bestehen bleiben. Für diese Frauen ist ein Gefühl der Einsamkeit und Verletzlichkeit ein zentraler Aspekt des Geburtserlebnisses (vgl. Lundgren et al. 2009, 125).

Waldenström (1996) hat herausgefunden, dass unter der Geburt positive und negative Gefühle koexistieren können, was den mehrdimensionalen Charakter des Geburtserlebnisses bestätigt. Die Beurteilung der Geburt durch Frauen wird sowohl von körperlichen als auch psychosozialen Faktoren wie der Grad von Geburtsschmerzen oder der Beziehung zur Hebamme beeinflusst, was die Bedeutung eines umfassenden Ansatzes für die Betreuung durch die Hebammen/ ÄrztInnen während der Geburt unterstreicht und unter 3.2 näher betrachtet wird.

3.2 Die Bedeutung der Hebammenbetreuung unter der Geburt

Die psychologische Erfahrung von Frauen mit einer physiologischen Geburt wird stark von den Menschen beeinflusst, die bei ihrer Geburt anwesend sind. Dabei sind nahe Verwandte, zumeist LebenspartnerInnen sowie Hebammen für die Art und Weise, wie Frauen ihren Geburtsprozess erleben, von großer Bedeutung. Frauen beschreiben die Anwesenheit von PartnerInnen als die Person, mit der sie ihre Erfahrungen am engsten teilten und auf deren Unterstützung sie sich verlassen können (vgl. Olza 2018, 8), was die in 3.1 beschriebene These bestätigt, dass die menschliche Geburt ein soziales Ereignis ist.

Aus einer Studie von Olza et al. (2018) geht die enorme Bedeutung von Hebammen bei der Geburt hervor. Hebammen können das Kohärenzgefühl von Frauen stärken, indem sie ihnen emotionale Unterstützung, Vertrauen und Zuversicht anbieten und PartnerInnen dabei unterstützen, während des Geburtsprozesses dabei zu sein (vgl. Olza et al. 2018, 9). Das Kohärenzgefühl beschreibt in dem Modell der Salutogenese von Antonovsky (1979) Ressourcen für die Gesundheit. Haben Menschen ein hohes Kohärenzgefühl, so haben sie die Zuversicht und Überzeugung, dass ihr Leben verstehbar, sinnvoll und zu bewältigen ist. Sie können notwendige Ressourcen auswählen, um Stressoren zu bewältigen. Das Kohärenzgefühl korreliert positiv mit Indikatoren von (psychischer) Gesundheit (vgl. Faltermaier 2020, o. S.). Eine ressourcenorientierte, kompetenzsteigernde Kommunikation/Behandlung, die das Kohärenzgefühl unterstützen, bedeuten weniger Stress und ein erhöhtes psychisches Wohlbefinden der Gebärenden (vgl. Kunz et al. 2012, 272). Sie können eine vertrauensvolle Beziehung zu den betreuenden Hebammen aufbauen, die ihnen Sicherheit und das Gefühl gibt, die Kontrolle zu haben. Frauen erleben eher eine psychologisch positive Geburt, wenn sie das Gefühl haben, dass eine unterstützende und mitfühlende Hebamme sensibel und aufmerksam auf sie eingeht. Dazu gehören auch einfache Ermutigungen, Informationen oder Unterstützung, um ihr zu versichern, dass das, was mit ihr passiert, normal ist. Eine solche Unterstützung kann es Gebärende ermöglichen, darauf zu vertrauen, dass sie sich sicher nach innen konzentrieren können, was die Freisetzung von Hormonen erleichtert, welche für einen physiologischen Wehenverlauf und eine Geburt unerlässlich ist. Hebammen können diesen Prozess unterstützen, indem sie Empathie und Mitgefühl zeigen und den Glauben einer Frau an ihre eigene Geburtsfähigkeit unterstützen. Dies stellen hebammengeleitete Schlüsselqualifikationen und -kompetenzen dar (vgl. Olza et al. 2018, 9).

Die Ergebnisse einer Studie von Lundgren (2009) zeigen, dass die Betreuung der Hebamme unter der Geburt bei Müttern zwei bis zwanzig Jahre danach noch in Erinnerung ist und eine unterstützende Hebammenbetreuung langfristige Auswirkungen hat. Die Auswirkungen einer Geburtserfahrung können positiv und stärkend oder negativ und traumatisierend sein. Frauen erinnern sich an das Gefühl des Alleinseins, wenn sie keine Beziehung zur Hebamme hatten und beschreiben auch die Erfahrung, nicht an den Entscheidungen für Interventionen beteiligt gewesen zu sein, die während der Geburt getroffen wurden: „Ich wusste nicht, was sie in mich hineingesteckt hatten" (Lundgren 2009, 119 f.).

Die Frauen, die eine gleichgültige oder sogar verletzende Einstellung und Verhaltensweise erlebt haben, versuchten das Verhalten der Hebamme nachzuvollziehen und brachten die Mängel in der Betreuung mit Zeitmangel und Personalmangel in Verbindung. Für einige Frauen bedeutet eine negative Geburtserfahrung, dass sie keine weitere Geburt erleben wollen. Die Frauen, die in Kliniken entbunden haben, äußerten häufiger Gefühle der Einsamkeit und einer kalten Atmosphäre. Sie erlebten, dass die Hebamme nicht für sie da war und stattdessen die technischen Geräte beaufsichtigte: „Die Hebamme glaubte an die Geräte und Maßnahmen, nicht an mich" (Lundgren 2009, 120). Hebammen können Gebärende entwerten, indem sie ihr mitteilen, dass sie sich während der Wehen schlecht anstrengen und nicht gut genug sind. „Ich wollte gute Leistungen erbringen, und ich erinnere mich an meine Gefühle, als sie sagte, ich hätte nicht genug gepresst" (Lundgren 2009, 120). Auch eine passive Hebamme, die still ist, keine Verantwortung übernimmt und die Zeit verstreichen lässt, indem sie nichts tut, während die Frau leidet, wird als entmündigend erlebt. Diese Erfahrungen waren bei Frauen, die in Kliniken entbunden hatten, weit verbreitet.

Der Gegenpol dieser respektlosen Betreuung sind Hebammen, die der Frau zuhört. Sie kennt die Stärken und Schwächen der Geburt, versucht, die Frau kennenzulernen und gibt den Ausdrucksformen des Schmerzes Raum. Die Hebamme kann der Frau Kraft, Zuversicht und Sicherheit vermitteln. Die Hebamme ermutigt die Frau, ihre Bedürfnisse und Wünsche zu äußern und erklärt Interventionen und Alternativen. Die qualitative Sekundäranalyse von Lundgren et al (2009) zeigt, dass eine Geburt durch die Beziehung zu der betreuenden Hebamme zu

Versagensgefühlen und Misstrauen führen kann oder aber in Dankbarkeit in Erinnerung bleibt. Daher müssen sich Hebammen und andere Betreuungspersonen des Inhalts und der Auswirkungen ihrer Betreuung von Frauen und ihren Familien bei der Geburt bewusst sein (vgl. Lundgren 2009, 119). Eine traumasensible Hebammenbegleitung die die Vermeidung einer Traumatisierung und Retraumatisierung (Aktivierung von früheren Traumaerfahrungen bzw. Traumaerinnerungen) zum Ziel hat, beinhaltet vor allem die Achtsamkeit in der verbalen und nonverbalen Kommunikation, den absoluten Respekt vor den individuellen Grenzen und dem Selbstbestimmungsrecht der Frau und das Abklären der Bedingungen, die die Frau braucht, um sich sicher zu fühlen und Vertrauen zu der Hebamme aufbauen zu können (vgl. Deutscher Hebammenverband 2012, 58 f.). Gelingt eine traumasensible Hebammenbegleitung nicht, kann es zu Gewalt unter der Geburt kommen, was im folgenden Kapitel 4 näher beschrieben wird.

Gewalt bei der Geburtshilfe

4

In diesem Kapitel wird an eine Definition von Gewalt unter der Geburt herangeführt. Außerdem folgen eine Darlegung von Formen der Gewalt, Ausführungen zu einigen Initiativen gegen Gewalt in der Geburtshilfe und Handlungsempfehlungen für die Hebammenbetreuung von Frauen während der Geburt.

4.1 Definition

Da es keine einheitliche Definition von „Gewalt (in der Geburtshilfe)" gibt, kann diese Forschungsarbeit nur eine Annäherung an eine solche Definition liefern.

Gewalt im Allgemeinen „bezeichnet den Einsatz von physischem oder psychischem Zwang gegenüber Menschen sowie die physische Einwirkung auf Tiere oder Sachen" (Schubert & Klein 2020, o. S.).

Aus soziologischer Sicht bedeutet Gewalt den „Einsatz physischer oder psychischer Mittel, um einer anderen Person gegen ihren Willen a) Schaden zuzufügen, b) sie dem eigenen Willen zu unterwerfen (sie zu beherrschen) oder c) der solchermaßen ausgeübten G. durch Gegen-G. zu begegnen" (Schubert & Klein 2020, o. S.).

Gewalt im Kontext von Schwangerschaft, Geburtshilfe und Wochenbett-Zeit beschreibt Grieschat (2019b) als „Handlungen und/oder Vorgänge, die sich sowohl während der Geburt als auch in der Schwangerschaft oder im Wochenbett negativ beeinflussend, verändernd oder schädigend auf Frauen, gebärfähige Menschen (Transsexuelle) und ihre (ungeborenen) Kinder auswirken" (Grieschat 2019b, 17).

L. Fabian, *Gewalt in der klinischen Geburtshilfe*, BestMasters,
https://doi.org/10.1007/978-3-658-43286-7_4

Freedman (2014) benutzt für Übergriffigkeit bei der Geburtshilfe nicht das Wort „Gewalt", sondern schlägt die folgende Definition von Respektlosigkeit und Missbrauch in der Geburtshilfe vor: „Interaktionen oder Bedingungen in Einrichtungen, die der lokale Konsens als erniedrigend oder würdelos erachtet, und solche Interaktionen oder Bedingungen, die als erniedrigend oder würdelos erlebt werden oder als solche gedacht sind" (Freedman 2014, 916).

In dieser Definition werden u. a durch machtdynamische Gesichtspunkte mehrere Bereiche berücksichtigt: zum einen ein Verhalten, welches Respektlosigkeit und Missbrauch darstellt, zum anderen die diesbezüglich subjektiv erlebte Erfahrung einer Frau (vgl. Freedman 2014, 916).

Mundlos (2018) benennt übergriffiges Verhalten und Gewalterfahrungen unter der Geburt als eine tabuisierte Form der Gewalt gegen Frauen (vgl. Mundlos 2018, 71). Im Artikel 3 der Istanbul-Konvention (internationales Abkommen zur Bekämpfung geschlechtsspezifischer Gewalt gegen Frauen und Mädchen) wird der Begriff „Gewalt gegen Frauen" als eine Menschenrechtsverletzung und eine Form der Diskriminierung von Frauen verstanden. Dieser bezeichnet demnach „alle Handlungen geschlechtsspezifischer Gewalt, die zu körperlichen, sexuellen, psychischen oder wirtschaftlichen Schäden oder Leiden bei Frauen führen oder führen können, einschließlich der Androhung solcher Handlungen, der Nötigung oder der willkürlichen Freiheitsentziehung, sei es im öffentlichen oder privaten Leben" (Bundesministerium für Familie, Senioren, Frauen und Jugend 2017, 9).

Geschlechtsspezifische Gewalt beschreibt in diesem Zusammenhang solche Gewalt, die sich auf Frauen bezieht, weil sie Frauen sind, oder die Frauen unverhältnismäßig stark betrifft (vgl. Bundesministerium für Familie, Senioren, Frauen und Jugend 2017, 9).

Die World Health Organization (2015b) beschreibt Gewalt in der Geburtshilfe als:

> körperliche Misshandlung, tiefe Demütigung und verbale Beleidigung, aufgezwungene oder ohne ausdrückliche Einwilligung vorgenommene medizinische Eingriffe (darin eingeschlossen die Sterilisation), Missachtung der Schweigepflicht, Nichteinhaltung der Einholung einer vollumfänglich informierten Einverständniserklärung, Verweigerung der Schmerzbehandlung, grobe Verletzung der Intimsphäre, Verweigerung der Aufnahme in medizinische Einrichtungen, Vernachlässigung von Frauen unter der Geburt, was bei diesen zu lebensbedrohlichen, vermeidbaren Komplikationen geführt hat, sowie das Festhalten von Frauen und ihren Neugeborenen in geburtshilflichen Einrichtungen nach der Geburt. (World Health Organization 2015b, 1)

Die Geburt ist eine Lebenssituation, in der Frauen nach Sicherheit und Orientierung suchen (vgl. Abschnitt 3.1). Dies machen sie u. a., indem sie auf die Medizin und das geburtshilfliche Personal vertrauen. Sie geben dadurch zugleich ein (großes) Stück Verantwortung ab. In dieser unter der Geburt entstehenden abhängigen Position findet ein Machtmissbrauch bzw. Gewalt in dem Fall statt, dass sich das Personal den Interessen, dem Wohlergehen und/oder den Rechten der Frauen verweigert. Die Anwendung medizinischer Maßnahmen wie das Legen einer PDA oder der Dammschnitt kann dann als Übergriff verstanden werden, wenn diese ohne Indikation, zu früh und/oder ohne Aufklärung sowie die Zustimmung der Frau erfolgen (vgl. Mundlos 2018, 78 ff.).

Bohren et al. (2019) kommen in ihrer Studie zu dem Ergebnis, dass mehr als ein Drittel der teilgenommen haben den Frauen in Afrika und Asien Misshandlungen unter der Geburt erfahren. Die Studie bestand aus Beobachtungen und Befragungen von insgesamt 2672 Frauen. 41,6 % der Frauen, die unter der Geburt bis 2 Stunden postpartum beobachtet wurden, sowie 35,4 % der bis zu acht Wochen postpartum befragten Frauen erlebten psychische und körperliche Gewalt (vgl. Bohren 2019, 1750).

Frauen weltweit erleben in geburtshilflichen Einrichtungen zugleich einen geringschätzigen und/oder missbräuchlichen Umgang (vgl. World Health Organization 2015b, 1). Dies bestätigt auch die UN-Sonderbeauftragte für Gewalt gegen Frauen, Dubravka Simonovic, und hat 2019 einen Bericht darüber veröffentlicht, dass die Gewalt gegen Frauen unter der Geburt in den letzten 25 Jahren weltweit sogar zugenommen hat (vgl. Simonovic 2019, 4).

4.2 Formen der Gewalt

Bohren (2015) entwickelte auf der Grundlage eines systematischen Reviews aus 65 größtenteils qualitativen Studien eine evidenzbasierte Typologie von Gewalt in der Geburtshilfe. Demzufolge unterscheidet er zwischen körperlicher, sexueller und verbaler Gewalt, Stigmatisierung und Diskriminierung, Nichteinhalten professioneller Standards, einer ungenügenden Kommunikation und Beziehungsgestaltung sowie Bedingungen und Beschränkungen im Gesundheitssystem. Beispielhafte Nennungen der von Gewalt betroffener Frauen seien körperliche und verbale Verletzungen, von Demütigung, Erniedrigung und Vernachlässigung bis hin zum Alleinlassen. Diskriminierung, Verwehrung von schmerzlindernden Maßnahmen, ohne das Einverständnis der Frau durchgeführte Maßnahmen sowie eine unzureichende Entscheidungsmacht sind weitere Beispiele (vgl. Bohren 2015, 1 f.).

Im Folgenden wird eine Auswahl der zuvor erwähnten Formen von körperlicher, verbaler, psychischer und struktureller Gewalt genannt:

> körperliche Übergriffe ohne Einwilligung (z. B. Dammschnitt ohne Einwilligung, Sterilisation ohne Einwilligung), Behandlungsfehler (fehlende oder unzureichende Betäubung), Fixierung,[...], Knochenbrüche, Prellungen, Zwang, Bedrohungen und Beleidigungen, Behandlungsverweigerung, Behandlung gegen den Willen der Gebärenden, Verhöhnen, Ignorieren, Verachten, nicht Ernstnehmen, Anschreien, Missachtung der Intimsphäre (wie z. B. offene Türen), Zwang (wie Liegezwang), Wegschicken, alleine lassen, maschinelle Überwachung statt menschlicher Betreuung (CTG statt Mensch), medizinisch unnötige oder fragliche Interventionen, Behandlung/Medikation ohne Aufklärung/Einwilligung (z. B. Schmerzmittel ohne Aufklärung, Muttermundschnitt, Betäubungsmittel ohne Einwilligung) und Behandlungen ohne (ausreichende) Betäubung (z. B. Legen der PDA, Nähen von z. B. Dammschnitt oder -riss, Kaiserschnitt), falsch ausgeführte Behandlung, falsche / nicht wirkende Medikation, Versagen von Hilfsmitteln / wirkungslose Behandlung, Fehldiagnose (Missed abortion), unerkannte pathologische Verläufe, unterlassene Behandlungen, falsche/fehlerhafte Behandlung (z. B. unsachgemäßes Kristellern). (Grieschat 2019a, o. S)

Der Kristellerhandgriff stellt eine geburtshilfliche Methode in der Austreibungsphase dar, bei der von außen wehensynchron Druck auf den Bauch der gebärenden Frau ausgeübt wird (vgl. Krause 2004, 38).

Jardim und Modena (2018), stellen in ihrem Review über 24 nationale und internationale Studien folgende Typologien von Gewalt dar (Tabelle 4.1).

Limmer et al. (2019), zitiert nach Leinweber et al. (2021), erwähnen in ihrer Studie einer 2018 in Deutschland durchgeführten nicht repräsentativen Online-Umfrage mit mehr als 2000 Teilnehmerinnen, dass über drei Viertel der Teilnehmenden von mindestens einer Form von Misshandlung unter der Geburt berichten. Am häufigsten wurde die Durchführung geburtshilflicher Maßnahmen ohne das Einverständnis der Gebärenden genannt, gefolgt von physischer Gewalt, Verletzung der Privatsphäre, verbaler Gewalt und Vernachlässigung (vgl. Leinweber et al. 2021, 98).

Eine nicht repräsentative Befragung von Stern TV-Redaktion (2019) mit 10 264 Teilnehmenden zeigt, dass 55,9 % der Befragten unter der Geburt Gewalt erlebten. Verbale Übergriffe und zu häufige bzw. zu grob durchgeführten vaginalen Untersuchungen gehören zu den meistgenannten Erfahrungen. Weit über die Hälfte der Frauen (67,2 %) hatte während der Geburt Angst, da ihnen zuvor bzw. dabei nicht ausreichend erklärt worden sei, was jeweils passiere (vgl. Stern TV-Redaktion 2019 o. S.).

Tabelle 4.1 Typologie von Gewalt, Auszug aus Jardim, & Modena (2018), 6

Typologie	Beispiele
Verbale Gewalt	Unhöfliche, respektlose, ärgerliche, erzwingende, diskriminierende, moralistische, kritische, ironische und negative Kommentare, denen Frauen ausgesetzt sind. Verlegenheit, Minderwertigkeit und Demütigung. Aussagen wie „Warum weinst du? „Komm schon, es tut nicht so weh!"; „Oh, weine nicht, komm schon, nächstes Jahr bist du wieder hier"; „Wenn du nicht mitmachst, schadest du dem Baby"; „Sei ruhig und presse"; „Wenn du schreist, höre ich sofort auf, dir zu helfen". Schuldzuweisungen und diskriminierende Kommunikation gegenüber Frauen
Physische Gewalt	Wiederholte und aggressive vaginale Untersuchung; unnötiger Kaiserschnitt; Mangel an ausreichender Schmerzbehandlung (vor, während und nach der Entbindung); Durchführung von Eingriffen ohne adäquate Betäubung; Schläge und Kneifen an den Beinen; körperliche Zurückhaltung der Beine und Arme während der normalen oder Kaiserschnittentbindung; Kristellerhandgriff
Psychische Gewalt	Bedrohungen; Geschrei; autoritäre und feindselige Sprache; Einschüchterung; Erpressung durch das Personal; Beschuldigen Zuschreibung des Merkmals der Unfähigkeit, zu gebären.
Sexuelle Gewalt	Durchführung einer digitalen Vaginaluntersuchung ohne Handschuhe; brutale und respektlose Manipulation der Genitalien, Berührung des Körpers und rektale Untersuchung der Frau ohne ihre Zustimmung
Soziale Diskriminierung	Respektlosigkeit, Stigmatisierung, Vorurteile oder unterschiedliche Behandlung von Frauen aufgrund ihrer Hautfarbe, ethnischen Zugehörigkeit oder sozialen, wirtschaftlichen, ehelichen, sexuellen Wahl, Religion und Schulbildung.
Vernachlässigung der pflegerischen Pflichten	Nachlässige Pflege, Verlassenheit, Weigerung, die Pflege von Frauen zu fördern
Unangemessener Gebrauch von Verfahren und Technologien	missbräuchliche Verwendung von Oxytocin; Immobilisierung im Bett während der Wehen; kontinuierliche Routineüberwachung des Fötus; längeres Fasten ohne Indikation; unzureichende Schmerzbehandlung ohne Rechtfertigung; kein Haut-zu-Haut-Kontakt und frühes Abklemmen der Nabelschnur.

Auch Hebammenstudierende geben an, während ihrer Ausbildungszeit Gewalt zu erleben. Schneider (2020) hat dazu eine Studie durchgeführt. Dabei wurde untersucht, ob und wie Hebammenstudierende bei ihrem Studium mit Gewalt in der Geburtshilfe konfrontiert werden und welche Aspekte für eine optimale Qualifizierung zu diesem Thema relevant sind. Es handelt sich um eine deskriptive Querschnittsanalyse mit 70 Hebammenstudierenden der Hochschulen Fulda und Jena. Das Ergebnis zeigt, dass 77,1 % der befragten Studierenden Gewalt in der Geburtshilfe erlebt haben. Am belastendsten seien dabei Situationen, in denen geburtshilfliches Personal Gewalt gegen Frauen bzw. Familien ausübe (vgl. Schneider 2020, 1). Dies wird durch eine Studie von Sommer (2020, zitiert nach Sommer 2021) untermauert. Sommer untersuchte in ihrer Masterarbeit im Studiengang Salutophysiologie für Hebammen in Salzburg, ob Hebammen in ihrer Ausbildung Gewalt erleben. Dazu hat sie Daten von 604 Hebammen ausgewertet, die 2017 und 2018 während oder nach ihrer Ausbildung an einer Internet-Umfrage zum Gewalterleben während der Ausbildung teilgenommen hatten, den sogenannten „WeHen Belastungstest". Die Ergebnisse zeigen, dass demnach eine Vielzahl von Gewalt ausgehend von Hebammen gegenüber den gebärenden Frauen stattfindet (Abbildung 4.1)

Dem haben 73 Hebammen hinsichtlich der Frage nach Gewalt gegenüber Gebärenden die folgenden Ergänzungen und Beispiele hinzugefügt:

- übermäßiges und unsachgemäßes ‚Kristellern'
- Festhalten oder Fixieren
- vaginale Untersuchungen unter Vollnarkose zum Üben ohne Wissen der betroffenen Frau
- routinemäßige Brust- und vaginale Untersuchungen ohne Indikation bei allen Klientinnen/Patientinnen durch bestimmte Personen des Teams
- als gewaltsam erlebte Saugglocken-Geburten
- Dammschnitte und Fruchtblasenaufstechen ohne Erklärung oder Einwilligung oder gegen den deutlich erklärten Willen der Gebärenden
- Festschnallen einer verängstigten ausländischen Klientin
- Rassismus
- Ignorieren von Sprachbarrieren
- Suggestivfragen, Ausnutzen von Macht, unzureichende oder falsche Informationen über Medikamente oder Eingriffe
- Drohungen und Erpressung zum Erreichen von Einwilligungen für Eingriffe
- Schnitt in die Bauchdecke bei Bewusstsein der Gebärenden, bevor Narkosemittel wirkten. (Sommer 2021, o. S.)

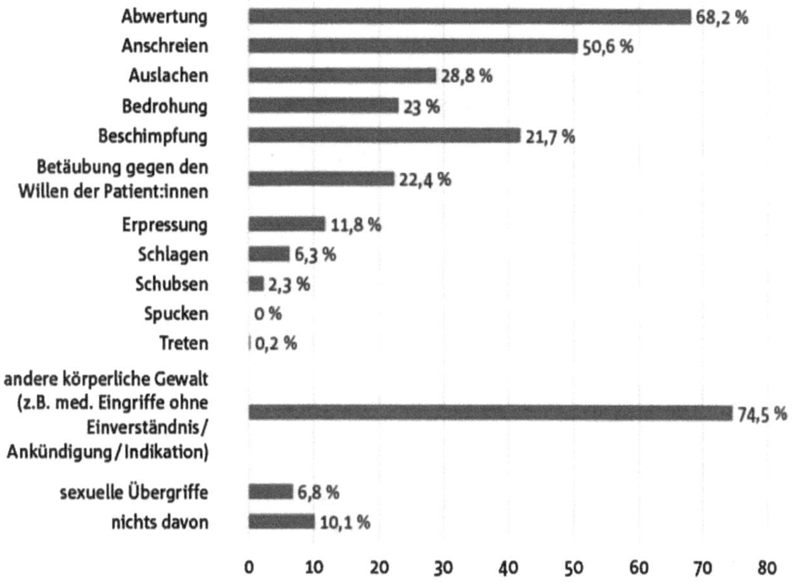

Abbildung 4.1 Gewalt gegenüber KlientInnen, die werdende Hebammen beobachtet oder an der sie selbst mitgewirkt haben Sommer (2021), zit. nach Sommer (2020)

4.3 Gründe für geburtshilfliche Gewalt

Sowohl Frauen als auch das Gesundheitspersonal liefern potenzielle Gründe für die Gewalt unter der Geburt.

Dazu zählen nach Bohren (2015) die folgenden Aspekte:

- Ungeduldiges/eiliges Personal z. B., um bei Dienstschluss keine laufende Geburt zu übergeben
- Müdes/überarbeitetes Personal durch Unterbesetzung, lange Arbeitszeiten, fehlende Infrastruktur
- Gute Gesundheitsergebnisse sicherstellen zu wollen
- Höhere Mitwirkung (Compliance) von Frauen erreichen zu wollen, z. B. durch verbale Herabsetzung der Frau (vgl. Bohren 2015, 20).

Eine berufstätige Hebamme äußert sich dazu wie folgt:

> Es kommt auch vor, dass Frauen unter der Geburt von Fachkräften geschlagen werden, zum Beispiel, wenn eine Gebärende emotional so außer sich gerät, dass sie mit Worten nicht mehr zu beruhigen ist. Mit einer Gebärenden umzugehen, die unter der Geburt völlig aufgelöst und erregt oder apathisch reagiert, ist für die beteiligten Fachkräfte oft sehr schwierig, denn sie sind auf die Mitarbeit der Gebärenden angewiesen, damit die Geburt gelingt. Ich habe als Hebamme selbst Geburten erlebt, bei denen die Gebärende emotional so außer sich war, dass ich nicht mehr wusste, wie ich den Kontakt zu ihr hätte herstellen können. Einmal fühlte ich mich derart hilflos, dass ich der Frau in einer solchen Situation auf den Oberschenkel schlug. Und ich weiß, dass ich nicht die Einzige bin, die in einer solchen Situation gewalttätig reagiert hat. [...] . Es ist vielmehr der Ausdruck von Unachtsamkeit oder nachlassender Aufmerksamkeit, von Unsicherheit und Überforderung. (Kruse 2017, 48 f.)

Auch die Planbarkeit von Geburten und finanzielle Vorteile für die Klinik im Falle interventionsreicher Geburten spielen für das Entstehen von Übergriffigkeiten eine Rolle: 2003 wurde das DRG-Fallpauschalensystem (diagnosis related groups) zur Vergütung von Krankenhausleistungen in Deutschland eingeführt. Die Eingruppierung in die Fallpauschale entsteht durch die Krankheitsart, den Schweregrad der Erkrankung und den erbrachten Leistungen wie Operationen oder Interventionen (vgl. Bundesministerium für Gesundheit 2021a, o. S.). Am Beispiel des Klinikums Großhadern beträgt der Erlös für eine vaginale Geburt ohne komplizierende Diagnose 1820,70 Euro im Vergleich zu einem Kaiserschnitt ohne komplizierende Diagnose mit einem Erlös von 3817,60 Euro (vgl. Rummel 2007, 32 f.). Die Abrechnung über Fallpauschalen könnte den Anreiz bei Kliniken setzen häufiger Kaiserschnitte durchzuführen (vgl. Jung 2017, 34). Die Kaiserschnittrate lag 2020 bei fast 30 %, sprich fast jede dritte Frau hat in dem Jahr per Kaiserschnitt entbunden, was im Vergleich zu 1991 mit ca. 15 % eine Verdoppelung bedeutet (vgl. Statistisches Bundesamt 2022a, o. S.).

4.4 Folgen von Gewalt

Dass von ihnen erfahrene körperliche/psychische Gewalt unter der Geburt Folgen für die betroffenen Frauen hat, verdeutlicht eine repräsentative Untersuchung des Bundesministeriums für Familie, Senioren, Frauen und Jugend (2004) zur Lebenssituation, Sicherheit und Gesundheit von Frauen. Demzufolge zeigten:

- ca. 59–69 % dauerndes Grübeln über die Situation,
- ca. 36–46 % Niedergeschlagenheit/Depressionen,

- ca. 35–54 % ein vermindertes Selbstwertgefühl, Gefühle von Erniedrigung,
- ca. 30 % Schlafstörungen oder Alpträume,
- ca. 15–20 % Scham- oder Schuldgefühle und
- ca. 10–25 % Antriebslosigkeit, Konzentrationsschwierigkeiten und verminderte Leistungsfähigkeit.

Außerdem zeigten sie erhöhte Ängste, Schwierigkeiten damit, in Beziehungen Vertrauen zu anderen aufzubauen, Probleme mit der Sexualität, Ärger oder Rachegefühle, Schwierigkeiten bei Arbeit, Ausbildung und Studium, Selbstmordgedanken, Selbstverletzung sowie Essstörungen und erhöhte Krankheitsanfälligkeit bzw. häufigere Krankschreibungen (vgl. Bundesministerium für Familie, Senioren, Frauen und Jugend 2004, 141). Neben diesen psychischen Folgen von Gewalt können die Frauen je nach Geburtsverlauf und Gewalterlebnissen anschließend unter physischen Problemen wie Wundheilungsstörungen, übermäßigen Blutungen, Rippenfrakturen und Stillproblemen leiden. Auch die von ihnen geborenen Kinder können körperliche Schäden in Form von Schlüsselbeinbrüchen, Armlähmungen oder Wunden davontragen.

Auch in der Geburtshilfe tätige Hebammen beschreiben beim Nachdenken über Gewalt unter der Geburt traurig und/oder wütend darüber, was sie erlebt oder beobachtet haben. Nicht nur die Frauen bzw. Gebärenden leiden unter Stresssymptomen, sondern auch die Hebammen. Dazu gehören im Falle von Gewalterleben für mehr als 70 % Unruhe, Schlafprobleme und/oder übermäßiges Grübeln. Jede zweite bis dritte Hebamme beschreibe aufgrund der Erfahrungen eine Zunahme von unbestimmter Angst, Konzentrationsschwierigkeiten, Minderwertigkeits- und/oder Schuldgefühlen, Zukunftsangst, Antriebslosigkeit, Hoffnungslosigkeit, innerer Leere und/oder Problemen im Alltag. Zunehmende Gefühllosigkeit und/oder in einen dissoziativen Zustand zu verfallen, hat demnach jede dritte bis vierte Hebamme ausbildungsbedingt einmal oder öfter bei sich bemerkt (vgl. Sommer 2021, o. S. zit. nach Sommer 2020). Dissoziative Zustände äußern sich in einem Verlust der psychischen Fähigkeit, das gesamte Erleben und Handeln miteinander in Verbindung zu bringen. Stimmig erlebte Gedanken, Gefühle und Wahrnehmungen sind voneinander getrennt. Betroffene „stehen neben sich“, fühlen sich „weggetreten“ und/oder haben Erinnerungslücken (vgl. Spiegel 2021, o. S.).

4.5 Handlungsempfehlungen und Initiativen gegen Gewalt in der Geburtshilfe

Nachfolgend werden Handlungsempfehlungen und Initiativen gegen Gewalt in der Geburtshilfe beschrieben.

4.5.1 Handlungsempfehlungen

Um Frauen auf Basis wissenschaftlicher Empfehlungen und individuell unter der Geburt betreuen zu können, wurde von der Arbeitsgemeinschaft der Wissenschaftlichen medizinischen Fachgesellschaften e. V. (AWMF) Ende 2020 die erste S3-Leitlinie „Vaginale Geburt am Termin" im deutschsprachigen Raum veröffentlicht (vgl. Arbeitsgemeinschaft der Wissenschaftlichen Medizinischen Fachgesellschaften e. V. 2020, 1 ff.). Leitlinien sollen dazu beitragen, dass Patientinnen und Patienten angemessen behandelt und versorgt werden. S3-Leitlinien erfüllen die höchsten Standards einer Leitlinienbewertung. Die Kommission ist repräsentativ besetzt und das Wissen wird systematisch gesammelt und bewertet. Es gibt ein geregeltes Verfahren, um zu den Empfehlungen zu gelangen (vgl. Institut für Qualität und Wirtschaftlichkeit im Gesundheitswesen (IQWiG) 2020, o. S.). Die Handlungsempfehlung ist unter der Federführung der Deutschen Gesellschaft für Gynäkologie und Geburtshilfe e. V. (DGGG) und der Deutschen Gesellschaft für Hebammenwissenschaft (DGHWi) sowie unter Mitwirkung zahlreicher weiterer Fachgesellschaften entstanden (vgl. Arbeitsgemeinschaft der Wissenschaftlichen Medizinischen Fachgesellschaften e. V. 2020, 1). Die Leitlinien stellen eine Behandlungsempfehlung für Gebärende zwischen den Schwangerschaftswochen 37 + 0 und 41 + 6 dar und fassen das aktuelle medizinische Wissen zusammen (vgl. Arbeitsgemeinschaft der Wissenschaftlichen Medizinischen Fachgesellschaften e. V. 2020, 9).

Diese Leitlinien sind für ÄrztInnen bzw. medizinisches Personal zugleich nicht verbindlich (Arbeitsgemeinschaft der Wissenschaftlichen Medizinischen Fachgesellschaften e. V. 2020).

In die Leitlinie wurden u. a. die zwölf Schritte der International Childbirth Initiative aufgenommen (vgl. Arbeitsgemeinschaft der Wissenschaftlichen Medizinischen Fachgesellschaften e. V. 2020, 10).

Diese 2018 ins Leben gerufene Initiative – The International Childbirth Initiative (ICI): 12 Steps to Safe and Respectful Mother Baby-Family Maternity Care – beschreibt Schritte für die weltweite Umsetzung einer evidenzbasierten Mutterschaftsfürsorge und erkennt die Wechselwirkung zwischen der

Mutter-Kind-Dyade, Familie und Umwelt sowie ihre Interaktionen mit Gesundheitsdienstleistenden und Gesundheitssystemen an (vgl. International Childbirth Initiative 2022a, o. S.). Die zwölf Schritte umfassen die Förderung von Mitgefühl und Würde bei der Pflege, die Gewährleistung des Zugangs zu erschwinglicher Pflege und die Annahme von Richtlinien für Hebammen und familienzentrierte Pflege. Weitere Schritte umfassen die Bereitstellung einer kontinuierlichen begleitenden Unterstützung bei Wehen und Geburt, den angemessenen Einsatz nicht pharmakologischer und pharmakologischer Schmerzlinderung und sowie eine evidenzbasierte Praxis, einschließlich der Vermeidung unnötiger Routineverfahren (vgl. International Childbirth Initiative 2022b, o. S.). Die Schritte betreffen Maßnahmen zur Verbesserung von Gesundheit und Wohlbefinden sowie eine angemessene Notfallversorgung durch Zusammenarbeit und Kommunikation zwischen den Versorgungsebenen (vgl. International Childbirth Initiative 2022a, o. S.).

Das Bundesministerium für Gesundheit (2017) stellt in seinen nationalen Gesundheitszielen die Förderung der physiologischen Geburt als eine Geburt dar, bei der wenige, bis keine Interventionen durchgeführt werden. Um diesem Anspruch gerecht zu werden, sind eine Begleitung und Betreuung der Frau gemäß dem frauzentrierten Konzept sehr förderlich. Zum Konzept der frauzentrierten Betreuung gehören verschiedene Komponenten:

Zentral dafür sind Wahlmöglichkeiten und informierte Entscheidungen, persönliche Kontrolle der Gebärenden unter der Geburt, Mit- und Selbstbestimmung, Kontinuität durch eine oder mehrere bekannte Betreuungspersonen sowie eine partnerschaftliche Betreuung. Zudem sind die Anerkennung der Expertise der Frau dahingehend, ihre eigenen Entscheidungen treffen zu können, sowie der Einbezug sozialer, emotionaler, körperlicher, psychosozialer, spiritueller sowie kultureller Bedürfnisse und Erwartungen unabdingbar. Aktiv an der Geburt beteiligt zu sein und sich selbstbestimmt zu fühlen, ist das Ziel einer gemeinsamen Entscheidungsfindung, die positiven Einfluss auf die von der Mutter erfahrene persönliche Kontrolle und das gesamte Geburtserleben dieser hat. Zudem sind im Falle von Kontrolle und Selbstbestimmung positive Auswirkungen auf das Selbstwirksamkeitserleben zu erwarten, was sich wiederum förderlich auf den Aufbau einer frühen tragfähigen Bindung zum Kind auswirkt (vgl. Bundesministerium für Gesundheit 2017, 37 f.).

Die Istanbul-Konvention (vgl. Abschnitt 4.1) verpflichtet die 46 Mitgliedstaaten dazu, gegen alle Formen von Gewalt vorzugehen. Der Europarat hat deshalb 2011 die Konvention zur Verhütung und Bekämpfung von Gewalt gegen Frauen und häusliche Gewalt als völkerrechtlichen Vertrag ausgefertigt, der 2014 in Kraft trat. Vierunddreißig Mitgliedsstaaten haben die Konvention ratifiziert (als gesetzgebend bestätigt). Der Grundsatz der Konvention in Art. 1 a lautet wie folgt: „Zweck dieses Übereinkommens ist es, Frauen vor allen Formen von Gewalt zu schützen und Gewalt gegen Frauen und häusliche Gewalt zu verhüten, zu verfolgen und zu beseitigen" (Bundesministerium für Familie, Senioren, Frauen und Jugend 2017, 6 ff.). Aus Artikel 4 der Istanbul-Konvention geht hervor, dass die Vertragsparteien, zu denen Deutschland gehört, erforderliche Maßnahmen zu treffen haben, welche zur Förderung und zum Schutz des Rechts jeder Person, insbesondere von Frauen, beitragen. Sie sollen dazu dienen, dass insbesondere Frauen sowohl im öffentlichen als auch im privaten Bereich frei von Gewalt leben (vgl. Bundesministerium für Familie, Senioren, Frauen und Jugend 2017).

Artikel 5 soll sicherstellen, dass die Vertragsparteien ihre im Auftrag des Staates handelnden Personen sowie staatliche Behörden etc. im Einklang mit der im Artikel 4 beschriebenen Verpflichtung handeln und jeder Beteiligung an Gewalt gegen Frauen zuwiderhandeln. Zudem sollen gemäß den Artikeln 7 und 8 der Istanbul-Konvention politische Maßnahmen getroffen werden, die zur Verhütung und Bekämpfung von Gewalt an Frauen beitragen, auch vonseiten der Zivilgesellschaft und nicht staatlichen Einrichtungen (vgl. Bundesministerium für Familie, Senioren, Frauen und Jugend 2017). Die Konvention wurde in Deutschland am 1. Februar 2018 in Kraft gesetzt und ist somit seitdem rechtlich verbindlich (vgl. Bundesministerium für Familie, Senioren, Frauen und Jugend 2017).

Ebenso erklärt die WHO, dass jede Frau das Recht auf eine würdevolle und respektvolle Gesundheitsversorgung hat (vgl. World Health Organization 2015b, 1).

Das WHO-Maßnahmenpaket von 2015 ist dafür unumgänglich und besagt Folgendes:

- Weitreichendere Unterstützung von Regierungen und Entwicklungspartnern in der Forschung und bei Maßnahmen gegen Geringschätzung und Misshandlung.
- Initiierung, Unterstützung und Unterhaltung von Programmen für die Verbesserung der Gesundheitsversorgung für Mütter. Ein besonderer Schwerpunkt muss die wertschätzende Versorgung als wesentliche Komponente einer qualitativ hochwertigen Versorgung sein.
- Hervorhebung des Rechts von Frauen auf eine würdevolle, wertschätzende Gesundheitsvorsorge für die gesamte Schwangerschaft und Geburt.
- Datenerhebung zu wertschätzenden und geringschätzenden Versorgungspraktiken, Haftungssystemen und sinnvoller professioneller Unterstützung ist erforderlich.

- Einbeziehung aller Beteiligten, einschließlich der Frauen, in die Bemühungen, die Qualität der Versorgung zu verbessern und geringschätzende und missbräuchliche Praktiken zu unterbinden. (World Health Organization 2015b, 2 f.)

Dazu steht in § 630 c-e BGB, dass ÄrztInnen verständlich über die Umstände der Geburt, rechtzeitig und ausführlich in mündlicher und schriftlicher Form über geplante Maßnahmen zu informieren sowie die Einwilligung der Gebärenden zu geplanten Maßnahmen einzuholen haben (vgl. Bundesgesetzblatt Online 2013, 277 f.). Dieses Recht wird durch das Grundgesetz untermauert, indem die Artikel 1, 2 und 3 GG auf die Unantastbarkeit der Menschenwürde, die körperliche Unversehrtheit und das Verbot von Diskriminierung aufmerksam machen (vgl. Bundesministerium der Justiz 2022).

Der Deutsche Hebammenverband hat sich zum Ziel gesetzt, den Standard der Betreuung von Frauen, Säuglingen und Familien durch Förderung, Ausbildung und entsprechenden Einsatz professioneller Hebammen zu verbessern. Er gab 2017 den nachfolgend dargelegten Kodex bekannt, welcher als Grundlage für Ausbildung, Berufsausübung und Forschung der Hebammen dient.

Der Ethik-Kodex lautet wie folgt:

> I. Hebammen und ihr berufliches Umfeld
>
> a. Hebammen gewährleisten, dass die von ihnen versorgten Frauen ausreichende Informationen erhalten, die zu einer informierten Entscheidungsfindung führen. Hebammen ermutigen die Frauen, für ihre Entscheidungen und deren Konsequenzen die Verantwortung zu übernehmen.
>
> b. Hebammen stärken Frauen/Familien, bei Themen, die die Gesundheit von Frauen und Familien in ihrem kulturellen und sozialen Umfeld betreffen, für sich selbst zu sprechen.
>
> c. Hebammen setzen sich für eine Politik ein, die den Frauen, Kindern und Familien eine bedarfsgerechte gesundheitliche Versorgung vor, während und nach der Schwangerschaft zusichert.
>
> d. Hebammen unterstützen sich gegenseitig in der Ausübung ihres Berufes.
>
> e. Hebammen arbeiten innerhalb ihres berufsrechtlichen Rahmens kooperativ mit anderen Berufsgruppen zusammen.
>
> II. Hebammen und ihre Berufsausübung
>
> a. Hebammen versorgen und begleiten Frauen und Familien in der Zeit der Familienplanung, Schwangerschaft, Geburt, Wochenbett und Stillzeit und respektieren im

Rahmen rechtlicher und fachlicher Vorgaben kulturelle und individuelle Gewohnheiten.

b. Hebammen fördern das Vertrauen der Frauen und Mädchen in die Physiologie von Schwangerschaft und Geburt und bestärken deren Ressourcen, diese als gesunde Lebensprozesse zu erleben.

c. Hebammen nutzen evidenzbasiertes berufliches Wissen, um eine sichere Geburtshilfe in allen Umgebungen und Kulturen zu ermöglichen.

d. Hebammen achten die körperlichen, seelischen und sozialen Bedürfnisse der Frauen, die ihre gesundheitliche Unterstützung suchen.

e. Hebammen sind sich ihrer Vorbildfunktion für Frauen und Familien im Hinblick auf die Förderung und Erhaltung von Gesundheit bewusst.

III. Hebammen und ihre berufliche Verantwortung

a. Hebammen behandeln Informationen der von ihnen versorgten Frauen und Familien vertraulich. Sie geben diese nur mit deren Einverständnis, oder wenn das Gesetz es fordert, an andere Personen und/oder Institutionen weiter.

b. Hebammen sind für ihre Entscheidungen, ihr Handeln sowie deren Folgen bei der Versorgung der Frauen verantwortlich.

c. Hebammen können in begründeten Einzelfällen die Versorgung von Frauen, Kindern und Familien ablehnen. Dabei muss eine grundlegende gesundheitliche Versorgung der betreffenden Frau gewährleistet sein.

d. Hebammen beteiligen sich an der Entwicklung und Durchführung von gesundheitspolitischen Maßnahmen, welche die Gesundheit von Frauen und Familien, die Kinder bekommen, fördern.

e. Hebammen fördern in wertschätzender Weise die Ausbildung von werdenden Hebammen. Sie sind sich ihrer Verantwortung im Umgang mit werdenden Hebammen bewusst und vermitteln ihnen die Werte, die der Ethik-Kodex beschreibt.

IV. Hebammen und ihre berufliche Kompetenz

a. Hebammen bilden sich kontinuierlich weiter und integrieren ihre Kompetenzen fortlaufend in ihre Berufsausübung.

b. Hebammen unterstützen die wissenschaftliche Forschung und die Veröffentlichung ihres beruflichen Wissens.

c. Hebammen entwickeln und verbreiten ihr Wissen und Können mittels verschiedener Prozesse, wie beispielsweise Ausbildung oder Studium, Forschung und Lehre, Fort- und Weiterbildung sowie Qualitätsmanagement.

d. Hebammen wirken an interdisziplinärer Wissensbildung rund um die Prozesse der Mutterschaft mit. (Deutscher Hebammenverband e. V. 2022, 1 ff.)

Neben dem Hebammenverband engagieren sich Initiativen gegen Gewalt unter der Geburt, von denen zufällig Ausgewählte im folgenden Kapitel dargestellt werden.

4.5.2 Initiativen

In Deutschland bestehen einige Initiativen, die sich für eine bessere Geburtshilfe einsetzen, z. B. die 2012 in Deutschland gegründete Elterninitiative „Mother Hood e. V.". Sie fordert eine besser auf die Bedürfnisse ausgerichtete Begleitung von Schwangeren, Gebärenden und ihre Familien durch die Geburtshilfe. Individualität, Achtsamkeit und Respekt sollen (stärker) Einzug in die Geburtshilfe finden. Hierfür vertritt sie in fachlich-politischen Gremien die Interessen von Familien (vgl. Mother Hood e. V. 2022b, o. S.).

Zudem setzt sich die 2014 in Deutschland gegründete Initiative „Gerechte Geburt" für eine Geburtshilfe ein, die alle betreffen soll, d. h. Mutter, Vater, das Baby und die GeburtshelferInnen sowie Hebammen. Eine transparente Behandlung, faire Bezahlung, Selbstbestimmung der Frau sowie die individuelle Betreuung der Gebärenden durch das Geburtsteam stehen im Fokus dieser Initiative (vgl. Gerechte Geburt 2022, o. S). Außerdem unterstützt sie die weltweite Aktion des von der Geburtsaktivistin Jesusa Ricoy 2011in Spanien ins Leben gerufenen Roses Revolution Days, welcher am 25.11. eines jeden Jahres stattfindet. 2013 kam der Aktionstag durch Katharina Hartmann auch in Deutschland an (vgl. Roses Revolution Deutschland 2022). Es ist eine Aktion gegen Respektlosigkeit und Gewalt im Kontext von Schwangerschaft, Geburt und Wochenbett. 2018 wurden 175 verschiedene klinische geburtshilfliche Abteilungen im Rahmen der Aktion von Betroffenen entweder mit rosafarbenen Rosen bedacht oder in Berichten genannt (vgl. Gieschat 2019a).

In Berlin hat sich 2022 das „Bündnis Gute Geburt" gegründet. Die fünf Gründungsorganisationen – Arbeitskreis Frauengesundheit, Mother Hood e. V., Deutscher Hebammenverband e. V., Deutscher Frauenrat, Bundesarbeitsgemeinschaft kommunaler Frauenbüros und Gleichstellungsstellen – fordern konkrete Maßnahmen zur Verbesserung der Geburtshilfe. Unter Anderem solle die Versorgung zugänglicher gemacht, Informationen und Kooperationen aller an einer Geburt Beteiligten gefördert werden und die Frau als „Entscheiderin" im Fokus stehen. Dabei soll die Mutter-Kind-Dyade einen zentralen Aspekt darstellen. Dazu appelliert das Bündnis an AkteurInnen des Gesundheitswesens und der Politik, möchte jedoch auch die Gesellschaft über den besonderen Wert einer Geburt unter respektvollen, menschenwürdigen und sicheren Bedingungen aufklären (vgl. Beck et al. 2022, 1 f.).

Der Verein Traum(a)Geburt e. V., welcher 2019 in Deutschland gegründet wurde, setzt sich für eine gewaltfreie Geburtshilfe in Deutschland ein und unterstützt betroffene Familien als Anlaufstelle nach traumatischen Ereignissen und während Schwangerschaft, Geburt und/oder im Wochenbett erlebter Gewalt (vgl. Traum(a)Geburt e. V. 2019). Er hat seit 2021 auch die Verantwortung für die Online-Präsenz der Roses Revolution in Deutschland (vgl. Roses Revolution Deutschland 2022).

Von der Internationalen Gesellschaft für Pränatale und Perinatale Psychologie und Medizin (ISPPM) in Zusammenarbeit mit Mother Hood e. V. wurde 2020 ein Hilfetelefon für Betroffene von belastenden Geburten eingeführt (vgl. Internationale Gesellschaft für Pränatale und Perinatale Psychologie und Medizin (ISPPM) e. V. 2020, o. S.).

Zusammenfassend lässt sich festhalten, dass die genannten Initiativen eine Mutter-Kind-zentrierte Geburtshilfe fordern, bei der die Bedürfnisse von Mutter und Kind oberste Priorität haben. Die (werdende) Mutter muss darauf vertrauen können, dass das fachliche Handeln von Hebammen, ÄrztInnen von geburtshilflichen Grundsätzen bestimmt ist. Für Mutter und Kind ist die Geburt einzigartig und unwiederbringlich. Es sollte daher dabei gerade nicht (nur) darum gehen, das Kind „irgendwie gesund“ aus dem Bauch herauszuholen. Ausschlaggebend ist stattdessen, die Mutter in notwendige Entscheidungen rund um die Geburt aktiv einzubeziehen, ihre Wünsche dahingehend zu respektieren und möglichst auch zu erfüllen. Ist das aus medizinischer Sicht nicht möglich, muss das Klinikpersonal über die Vorgänge während des Geburtsverlaufs aufklären, die Zustimmung der Gebärenden zu Interventionen sicherstellen, potenzielle Ängste ernstnehmen und ihnen respektvoll begegnen (vgl. Mother Hood e. V. 2018).

Wie sich Gewalt unter der Geburt auf die Mütter postnatal auswirken kann, wird im folgenden Kapitel 5 näher betrachtet.

5 Die postpartale Befindlichkeit

Eine Schwangerschaft und die Zeit danach sind mit tiefgreifenden körperlichen und emotionalen Veränderungen assoziiert und stellen für die betroffene Frau daher zugleich eine Phase erhöhter Vulnerabilität dar (vgl. Reulbach et al. 2009, 709). Während der Begriff „postpartal" im Allgemeinen die Zeit nach einer Geburt beschreibt (vgl. Spektrum-Redaktion 1999), bezeichnet das Wochenbett, welches auf die Zeit von sechs bis acht Wochen nach der Geburt begrenzt wird, die Phase der Rückbildung und Wundheilung der Frau (vgl. Ochsenbein-Kölble 2011, 1098).

Insbesondere beim ersten Kind sind zusätzlich enorme psychische Anpassungsleistungen zu vollbringen. Emotionale Turbulenzen mit psychischer Instabilität sind in dieser Zeit zunächst nicht als pathologisches Geschehen anzusehen. Nicht immer ist wegen der „normalen" Schwierigkeiten im Zusammenhang mit einer solchen Lebensveränderung zu erkennen, wann sich über den Rahmen der normalen Anpassungsvorgänge hinaus psychopathologische Symptome wie Antriebsstörungen, Interessenverlust oder Freudlosigkeit entwickeln, die eine behandlungsbedürftige postpartale psychische Störung darstellen (vgl. Dorsch & Rohde 2016, 356; Schönberger 2020, 930 f.).

In diesem Zusammenhang bezeichnet die Befindlichkeit nach der Geburt das subjektive Empfinden und Erleben eines körperlich-psychischen Allgemeinzustandes (z. B. Gereiztheit, Erregtheit, Müdigkeit), wobei die individuelle Befindlichkeit subjektiv als positiv oder negativ erlebt werden kann. Die emotionale Komponente bezieht sich auf positive und negative Emotionen, die das Wohlbefinden in dieser Zeit häufig kurzfristig beeinflussen. Kognitive Faktoren umfassen dabei die aktuelle Lebenszufriedenheit. Eine positive Bewertung des Befindens wird als Wohlbefinden, eine negative als Befindlichkeitsstörung bezeichnet (vgl. Stangl 2022a).

L. Fabian, *Gewalt in der klinischen Geburtshilfe*, BestMasters,
https://doi.org/10.1007/978-3-658-43286-7_5

Psychische Störungen nach der Geburt sind weit verbreitet. Das Spektrum reicht von dem im Volksmund genannten Babyblues (postpartales dysphorisches Syndrom) über postpartaler Depression bis hin zu posttraumatischen Belastungsstörung (vgl. Reulbach et al. 2009, 709).

5.1 Postpartale Depression

Definition der postpartalen Depression

Als „postpartale Depressionen werden im Allgemeinen alle schwereren, länger dauernden und behandlungsbedürftigen depressiven Erkrankungen bezeichnet, die im ersten Jahr nach der Entbindung auftreten oder bestehen" (Riecher-Rössler 2006, 11).

Mit einer Prävalenz von 8 % bis 15 % ist dies eine der am häufigsten auftretenden postpartalen psychischen Erkrankungen (vgl. Reulbach et al. 2009, 708).

Klassifikation der postpartalen Depression

Die postpartale Depression stellt keine eigenständige Krankheit dar. Es handelt sich dabei vielmehr um depressive Episoden, die nach der Geburt beginnen und mit den üblichen ICD-10-Kriterien (ICD: International Statistical Classification of Diseases and Related Health Problems) für affektive Störungen (z. B. F32.x für eine einzelne Episode oder F33.x für eine rezidivierende Episode) klassifiziert werden. Durch den Zusatz O99.3 kann die Verbindung zum Wochenbett dokumentiert werden. Als eine Art „Restkategorie" gilt die ICD-10-Kategorie F53 („Psychische oder Verhaltensstörungen im Wochenbett, nicht andernorts klassifiziert") für Probleme, die innerhalb von sechs Wochen nach der Geburt auftreten und nicht die Kriterien einer andernorts im psychiatrischen Teil der ICD-10 (Kapitel F) enthaltenen Störung erfüllen (vgl. Dorn & Mautner 2018, 95; Dilling et al. 2016, 116 f.).

Symptome der Depression

Die depressive Episode mit den nachfolgend aufgezählten Symptomen sollte laut ICD-10 mindestens über einen Zeitraum von zwei Wochen bestehen (vgl. Dilling et al. 2016, 116):

- „Depressive Verstimmung
- Antriebsmangel, Energielosigkeit
- Freudlosigkeit, Interessenverlust

- Müdigkeit
- Schlaf- und Appetitstörungen
- Konzentrationsstörungen
- Ängste, Sorgen
- Zwangsgedanken (dem Kind schaden etc.)
- Schuldgefühle
- Gefühl der Gefühllosigkeit (DD bonding-disorder)
- Suizidgedanken und zum Teil Handlungen
- Emotionale Labilität" (Riecher-Rössler 2006, 12).

Typische zusätzliche Symptome bei der depressiven Episode mit postpartalem Beginn sind Stillprobleme, ambivalente Gefühle, Gefühllosigkeit gegenüber dem Kind, Versagensängste, häufiges Erwachen vor dem Kind (vgl. Dorn & Mautner 2018, 96) sowie Insuffizienzgefühle. Insuffizienzgefühle sind subjektiv erlebte Gefühle der Minderwertigkeit, begleitet von einem geringen Selbstvertrauen und Selbstwert (vgl. Stangl 2022e, o. S.).

<u>Entstehung einer (postpartalen) Depression</u>
Beck (1996) fand in einer Metaanalyse von 44 Studien heraus, dass es Zusammenhänge zwischen der Entstehung postpartaler Depression und pränataler Depression/Angst sowie der sozialen Unterstützung und Zufriedenheit in der Partnerschaft gibt. Weitere Einflussfaktoren seien allgemeiner Stress bezüglich der Kinderbetreuung und der Lebensführung.

Wilson et al. (1996) bestätigen die zuvor genannten Einflussfaktoren und fügen dem vorangegangene Missbrauchserfahrungen der Mutter hinzu (vgl. Wilson et al. 1996, 785).

Aus tiefenpsychologischer Sicht wird die Depression als Folge früher negativer Erfahrungen z. B. Trennungs- und Verlusterlebnisse aufgefasst, die den Menschen geprägt haben und in aktuellen Krisen wiedererlebt werden. Auf Verlusterlebnisse reagieren die Betroffenen dann mit Autoaggression. Es wird auch davon ausgegangen, dass bei Menschen, die eine Depression entwickeln, das Über-Ich (psychische Instanz, welche die kritische Selbstbeobachtung des Gewissens, der Ideale sowie die Moral- und Wertvorstellungen beinhaltet) (vgl. Wirtz o. J., o. S.) so stark ausgeprägt ist, dass sie ihm nicht entsprechen können. Dies führt zu Schuldgefühlen und Depressivität (vgl. Pitschel-Walz 2018).

Eine Grundlage des kognitiven Modells nach Beck ist der Zusammenhang zwischen negativen Gedanken und depressiven Gefühlen. Depressive Menschen zeigen drei typische Denkmuster („kognitive Triade"): eine negative Sicht ihrer selbst (negatives Selbstbild), anderer und der Zukunft. Auch die kognitive Theorie geht davon aus, dass Kränkungs- und Verlusterlebnisse in der eigenen Lebensgeschichte für die negative Sichtweise verantwortlich sind. Aktuelle Stresssituationen aktivieren auf dieser Grundlage die für Depressive typischen Denkmuster (vgl. Pitschel-Walz 2018). Insgesamt liegt eine Störung der Selbstwahrnehmung, Selbstbewertung und Selbstverstärkung vor. Depressiv Erkrankte unterschätzen aufgrund der negativen Sichtweise die Zahl positiver Verstärker, haben überhöhte Kriterien für die Selbstbewertung und neigen zur Selbstbestrafung (vgl. Laux 2021).

Ein weiteres Entstehungsmodell besagt, dass sich Depressionen als Folge einer „erlernten Hilflosigkeit" entwickeln. Diesem Prinzip folgend sollen Patienten mit Depressionen im Laufe ihres Lebens gelernt haben, sich Situationen hilflos ausgeliefert zu fühlen, ohne Einfluss auf das Geschehen nehmen zu können. Die Übertragung dieser Erfahrung auf praktisch alle Lebenssituationen führt schließlich zur depressiven Symptomatik (vgl. Pitschel-Walz 2018). Ein wichtiges Element lerntheoretischer Depressionsmodelle ist der Verlust von positiven Rückmeldungen aus der Umwelt (vgl. Laux 2021).

Außerdem finden sich bei Patienten mit Depressionen schweregradabhängig kognitive Funktionsstörungen im Bereich exekutiver Funktionen (Planen, Problemlösen, kognitive Flexibilität), des Arbeitsgedächtnisses und der Reaktionszeit.

Aus neurobiologischer Sicht entstehen Depressionen durch eine Verminderung der Botenstoffe Serotonin und/oder Noradrenalin aufgrund von neurochemischen Dysfunktionen. Dadurch entsteht eine Dysbalance der Botenstoffe, was auch die Dichte und Empfindlichkeit der Rezeptoren betrifft (vgl. Laux 2021, 100). Die Wirkung von Antidepressiva bestätigt die neurobiologische Herangehensweise, da diese die „Amin-Konzentration im synaptischen Spalt entweder durch Wiederaufnahmehemmung von Noradrenalin und/oder Serotonin oder durch Blockade des Abbaus der genannten Botenstoffe erhöhen" (Laux 2021, 100).

Zu den Schutzfaktoren können soziale Unterstützung, religiöse Bindung, (sportliche) Aktivität und das Erlernen von Bewältigungsstrategien zählen (vgl. Laux 2021).

Dass eine postpartale Depression noch Jahre nach der Geburt weiter bestehen können, zeigt eine US-amerikanische Studie von Putnick (2020). 4866 Mütter wurden vier, zwölf, 24 und 36 Monate nach der Geburt mit dem EPDS 5 zu ihrer Befindlichkeit befragt. 11 % der Frauen zeigten nach vier Monaten, 8 % nach zwölf Monaten, 6 % nach 24 Monaten und 7 % nach 36 Monaten depressive Symptome. Zudem wurde festgehalten, dass über alle Messtermine hinweg betrachtet gut ein Viertel der Mütter zu irgendeinem Zeitpunkt eine postpartale Depression hatte (vgl. Putnick et al. 2020, 2 f.).

„Auf das empfindliche biochemische Gleichgewicht nach der Geburt treffen weitere Stressfaktoren physischer, psychodynamischer und psychosozialer Art, die dann – auch unter dem Einfluss entsprechender genetischer Anlagen – Symptome der Depression hervorrufen" (Lohse 2008, 66). Familien-, Zwillings- und Adoptionsstudien konnten darlegen, dass Angehörige ersten Grades ein ca. 50 % erhöhtes Risiko haben, an einer Depression zu erkranken. Außerdem ist das Erkrankungsrisiko für Kinder depressiver Mütter und/oder Väter 2–3-fach erhöht (vgl. Laux 2021, 100 f.). Insgesamt ist somit anzunehmen, dass biologische, soziale, genetische und psychische Faktoren bei der Auslösung dieser Störung ausschlaggebend sind.

Differentialdiagnosen

Differentialdiagnosen sind Erkrankungen mit einem ähnlichen Beschwerdebild, die voneinander abgegrenzt werden müssen (vgl. Stangl 2022c, o. S.). Differentialdiagnostisch ist die postpartale Depression von der postpartalen Psychose zu unterscheiden, wobei Letztere bei 0,1 bis 0,2 % aller Gebärenden im ersten Monat nach der Geburt auftritt, sowie dem Babyblues, d. h. jener Stimmungslabilität, die in den ersten zehn Tage nach dem Gebären von bis zu 80 % aller Frauen erlebt wird (vgl. Riecher-Rössler 2006, 11 f.). Symptome des Babyblues wie Müdigkeit, Schlaflosigkeit, Kopfschmerzen, Tendenz zum Weinen, Konzentrationsschwierigkeiten, leichte depressive Verstimmung und Ängstlichkeit treten in den ersten Tagen nach der Geburt auf, zeigen oft zwischen dem dritten und sechsten Tag ihren Höhepunkt und verschwinden in den ersten zehn Tagen postpartal (vgl. Ochsenbein-Kölble 2016, 1103). Aufgrund von Scham und Schuldgefühlen verheimlichen die betroffenen Mütter häufig die zuvor genannten Beschwerden. Halten die Symptome mindestens zwei oder drei Wochen an, kann von der Entstehung einer Depression ausgegangen werden (vgl. Riecher-Rössler 2006, 14 f.).

Psychosen müssen fachpsychiatrisch behandelt werden, in der Regel unter stationären Bedingungen, da unter psychotischen Symptomen das Kind gefährdet sein kann (vgl. Dorn & Mautner 2018, 96). Mögliche erste Symptome, die sich zeigen, sind Interessenverlust, Freudlosigkeit, Schlaf- und Konzentrationsstörungen. Darüber hinaus beinhalten Psychosen Ich-Störungen (fließende Abgrenzung zwischen dem Selbst und der Umwelt), Wahrnehmungsstörungen und Sinnestäuschungen sowie Störungen des formalen und inhaltlichen Denkens mit Sprunghaftigkeit. Möglich sind ebenfalls eine starke motorische Unruhe bis hin zur Verwirrtheit sowie Erstarrung (vgl. Ochsenbein-Kölble 2016, 1103).

5.2 Posttraumatische Belastungsstörung

Definition posttraumatische Belastungsstörung

Das Wort „Trauma“ bedeutet Wunde und wird in der Psychologie als psychische Verletzung betrachtet. Ein Ereignis wie beispielsweise Gewalterfahrung, welches ein Trauma auslösen kann, wird als traumatisierend bezeichnet (vgl. Knefel 2021, o. S.) Zentral für die Diagnose einer posttraumatischen Belastungsstörung (PTBS) ist, dass ein kurz oder lang anhaltendes Ereignis oder Geschehen von außergewöhnlicher Bedrohung oder mit katastrophalem Ausmaß (z. B. eine Naturkatastrophe, Krieg oder schwere Verkehrsunfälle) vorlag, welches bei fast allen Menschen tiefgreifende Verzweiflung auslösen würde (vgl. Dilling et al. 2016, 136; Knefel 2021, o. S.).

Auch medizinische Vorfälle wie eine Fehlgeburt oder vaginale Entbindungen können die Kriterien eines traumatischen Ereignisses erfüllen (vgl. Ullmann 2021, 16; Köllner 2019, 448).

Weitere Diagnosekriterien sind nach dem ICD-10 F43.1 (Dilling et al. 2016, 136) folgende:

- Anhaltende Erinnerungen oder Wiedererleben der Belastung durch aufdringliche Nachhallerinnerungen, lebendige Erinnerungen, sich wiederholende Träume oder durch innere Bedrängnis in Situationen, die der Belastung ähneln oder mit ihr in Zusammenhang stehen.
- Umstände, die der Belastung ähneln oder mit ihr in Zusammenhang stehen, werden tatsächlich oder möglichst vermieden. Dieses Vermeiden bestand nicht vor dem belastenden Ereignis.
- Entweder 1. oder 2.:

1. teilweise oder vollständige Unfähigkeit, einige wichtige Aspekte der Belastung zu nennen
2. anhaltende Symptome einer erhöhten Sensitivität (nicht vorhanden vor der Belastung) mit zwei der folgenden Merkmale:
   a. Ein- und Durchschlafstörungen,
   b. Reizbarkeit oder Wutausbrüche,
   c. Konzentrationsschwierigkeiten,
   d. Hypervigilanz [erhöhte Wachsamkeit],
   e. erhöhte Schreckhaftigkeit.

- Die Kriterien B., C. und D. treten innerhalb von sechs Monaten nach dem Belastungsereignis oder nach Ende einer Belastungsperiode auf. (Aus bestimmten Gründen kann ein späterer Beginn berücksichtigt werden, dies sollte aber gesondert angegeben werden). (Dilling et al. 2016, 136)

Die Prävalenz einer PTBS im Zusammenhang mit einer Geburt liegt je nach Studienlage bei 4 % bis 24 % (vgl. De Schepper et al. 2016; Yildiz et al. 2017, 10 ff.).

Nicht zu verwechseln sind die Symptome einer PTBS mit denen einer akuten Belastungsreaktion. Eine akute Belastungsstörung ist eine Reaktion auf eine außergewöhnliche Belastungssituation wie Unfälle, die innerhalb von Stunden oder Tagen abklingt (vgl. Dilling et al. 2016, 135). Die Diagnose wird unter F 43.0 des ICD-10 im Zusammenhang mit folgenden Symptomen vergeben:

- Es muss ein klarer zeitlicher Zusammenhang zwischen einer außergewöhnlichen Belastung (Trauma) und dem Beginn der Symptomatik vorliegen. Die Reaktion entwickelt sich nahezu sofort (innerhalb einer Stunde).
- Es tritt ein gemischtes und wechselndes Bild auf. Nach dem anfänglichen Zustand von „Betäubung" werden Angst, Ärger, Verzweiflung, Überaktivität/Unruhe und Rückzug beobachtet. Aber auch Bewusstseinseinengung, eingeschränkte Aufmerksamkeit sowie außergewöhnliche Traurigkeit. Kein Symptom ist längere Zeit vorherrschend.
- Die Symptome sind rasch rückläufig, längstens innerhalb von wenigen Stunden, wenn eine Entfernung aus der belastenden Situation möglich ist. Wenn die Symptome andauern, sollte eine Änderung der Diagnose in Erwägung gezogen werden (vgl. Dilling et al. 2016, 135).

Entstehung einer posttraumatischen Belastungsstörung

Die Geburt eines Kindes stellt ein kritisches Lebensereignis (d. h. eine positive oder negative Veränderung, die vom Individuum eine Anpassungsleistung an die neue soziale Situation erfordert) dar und gilt als psychosozialer Stressor (vgl. Kessler 2021b). Den meisten Menschen gelingt nach einiger Zeit die Bewältigung solcher Stresssituationen. Die damit verbundenen Emotionen lassen in dem Fall nach: Der Organismus stellt nicht nur körperlich, sondern auch emotional ein Gleichgewicht her.

Sind die Stressoren hingegen sehr intensiv (z. B. Krieg, Naturkatastrophe, Gewalt- oder Sexualverbrechen, schwerer Verkehrsunfall oder andere Ereignisse tatsächlicher Lebensbedrohung oder drohender schwerwiegender Verletzungen) und/oder fehlen bestimmte Bewältigungskompetenzen, dann kann es dazu kommen, dass Menschen nach dem Ende einer Belastungssituation unter starken emotionalen Beeinträchtigungen leiden (vgl. Kessler 2021b). Ob sich an eine Situation als Stress oder Trauma erinnert wird, dafür ist entscheidend, ob ein Mensch während des bedrohlichen Ereignisses handeln konnte. Dies wird gut durch den Begriff Fight-or-Flight-Reaktion beschrieben: Bedroht etwas unsere Existenz, so bereitet sich der Körper demnach seit jeher auf Flucht oder Kampf vor. Kann der bedrohliche Moment auf diese Weise aufgelöst werden, stehen Betroffene in diesem Moment unter Stress. Ist es hingegen nicht möglich, die Situation durch Flucht oder Kampf aufzulösen, so werden die Energien im Körper blockiert, die Betroffenen frieren emotional ein und die Erinnerungen an das Ereignis werden in Einzelteile abgespeichert (vgl. Stangl 2022f, o. S.).

Diese Symptome können sich als akute oder posttraumatische Belastungsstörung zeigen.

Die Entstehung einer PTBS hängt demnach einerseits vom Ereigniskriterium ab, andererseits von der persönlichen Konstitution und vom Kontext der bzw. des Betroffenen. Entscheidend sind die subjektiv empfundene Bedrohung durch das traumatische Ereignis, der damit verbundene Kontrollverlust sowie weitere individuelle Risikofaktoren und Bewältigungsmöglichkeiten (vgl. Ullmann 2021, 16).

> Viele glauben unter der Geburt, dass sie die Wehen und die damit verbundenen Schmerzen nicht länger aushalten können. Viele Mütter beschreiben das, was bei einer Geburt passiert, später als Urgewalt. ‚Ich dachte, es zerreißt mich‘ oder ‚Ich dachte, das überlebe ich nicht!‘ sind typische Aussagen für das Ausmaß an existenzieller Bedrohung, die viele Frauen unter der Geburt erleben. Diese Empfindungen können bereits ausreichen, um eine Geburt zu einem traumatischen Erlebnis werden zu lassen. (Kruse 2017, 47)

Geburtskomplikationen und eine unachtsame Betreuung durch Hebammen/ ÄrztInnen kann das Gefühl der Angst verstärken (vgl. Kruse 2017).

Harris & Ayers (2012) bestätigen diese These und fanden in einer Studie von 657 in Bezug auf die Geburt eines Kindes traumatisierten Frauen heraus, dass sich die Wahrscheinlichkeit eine PTBS zu entwickeln erhöht, sobald Angst, Kontrollverlust, Dissoziation, zwischenmenschliche sowie geburtshilfliche Komplikationen während der Geburt entstehen (vgl. Harris & Ayers 2012, 1).

Der US-amerikanische Psychologe Richard Lazarus führte in den 1980er Jahren die systematische und auch heute noch gültige Unterscheidung zwischen Stressor und Stressreaktion ein (transaktionales Stressmodell). Er geht davon aus, dass die Bewertung einer Situation die eigentliche Stressreaktion bedingt, und unterscheidet in seinem Coping-Modell (Coping = Bewältigung) folgende drei Phasen der kognitiven Bewertung:

Die primäre Bewertung ist eine erste schnelle Einschätzung der Situation. Hier wird ein Ereignis danach bewertet, ob es relevant, irrelevant, positiv oder negativ und für den Organismus bedrohlich ist. Nur dann, wenn die Situation als relevant und negativ bzw. potenziell bedrohlich eingeschätzt wird, erfolgt als zweiter Schritt die sekundäre Bewertung. Hierbei wird bewertet, ob die Situation mit eigenen Mitteln zu bewältigen ist, welche sozialen und persönlichen Ressourcen bestehen und für welche Handlungsmöglichkeiten diese genutzt werden können. Eine Stressreaktion folgt, wenn die Ressourcen als (zunächst) nicht ausreichend eingeschätzt werden. Die durch diese Bewertung in Gang gesetzte Bewältigung wird als Coping bezeichnet. Während der Bewältigung wird überprüft, ob die angewandten Strategien funktionieren oder durch andere ersetzt werden müssen. Die Bewertung des Erfolgs der ersten Form der Bewältigung wird als Neubewertung bezeichnet. Durch diese dynamische Anpassung kann die Bewältigungsstrategie ggf. optimiert werden bzw., dadurch kann eine positivere oder negativere Einschätzung des jeweiligen Stressors erfolgen (vgl. Kessler 2021b).

Durch eine reale oder subjektiv erlebte Bedrohung der eigenen Person oder des Kindes, z. B. durch starke Schmerzen, Angst oder fetale Probleme (z. B. das Absinken der Herzfrequenz) kann die Gebärende Hilflosigkeit, Ausgeliefertsein sowie einen Kontrollverlust erleben und daraufhin Symptome einer akuten Belastungsreaktion entwickeln. Frauen fühlen sich nach einem als negativ erlebten Geburtsverlauf häufig schuldig und unzulänglich. Dies führt zum schamhaften Verdrängen. Nicht nur der Geburtsverlauf (z. B. medizinische Komplikationen, Gefährdung von Mutter oder Kind), sondern insbesondere das subjektive Geburtserleben prädisponiert dabei für eine postpartale PTBS (vgl. Weidner et al. 2018, 191). Die Geburt wird in dem Fall nicht als positives Erlebnis integriert oder mit Stolz verarbeitet, sondern entsprechende Erinnerungsbilder werden als angstbesetzt und bedrohlich erlebt bzw. verdrängt und gehen mit einem hohen Ausmaß vegetativer Erregung einher (vgl. Weidner et al. 2018, 192).

Halperin et al. (2015) kommen in ihrer Studie zu dem Ergebnis, dass fast 40 % der von ihnen befragten 171 Frauen ihre Geburtserfahrung als traumatisch bewerten. Zudem zeigten die Ergebnisse, dass eine nicht vaginale Geburt (instrumentelle Geburt oder Kaiserschnitt, vgl. Abschnitt 2.3) und negative Erinnerungen an die Geburtserfahrung wichtige Faktoren im Zusammenhang mit der Entwicklung von PTBS-Symptomen nach der Geburt sind und dass Frauen mit PTBS-Symptomen seltener stillten.

Nach Weidner (2018) bestehen folgende Risikofaktoren zur Entstehung einer PTBS (Abbildung 5.1)

Vulnerabilitäts- und Risikofaktoren vor der Geburt	Risikofaktoren während der Geburt	Aufrechterhaltende Faktoren nach der Geburt
• Depression • Geburtsangst • gesundheitliche Probleme und Schwangerschafts-komplikationen • häusliche Gewalt • PTBS in der Vorgeschichte • Inanspruchnahme von Beratung	• negative subjektive Erfahrungen • sekundäre operative Interventionen • Mangel an Unterstützung • Dissoziation • lange Geburtsdauer • starker Geburtsschmerz • starker Blutverlust	• Fehl-/Todgeburt • reduzierte Copingstrategien • Depression • Schlafstörungen

Abbildung 5.1 Risikofaktoren zur Entstehung von PTBS nach Weidner 2018, 190

Ayers et al. (2016) fassten in ihrer Studie vorgeburtliche Vulnerabilitätsfaktoren zusammen, die mit PTBS nach einer Geburt im Zusammenhang stehen. Diese seien pränatale Depression / PTBS, Angst vor der Geburt, schlechter Gesundheitszustand oder Komplikationen in der Schwangerschaft. Als höchste Risikofaktoren während der Geburt wurden negative subjektive Geburtserfahrungen ($r = 0{,}59$), eine operative Geburt (vaginal assistiert oder Kaiserschnitt, $r = 0{,}48$) und fehlende Unterstützung ($r = 0{,}38$) assoziiert (vgl. Ayers 2016, 2).

Nach De Schepper (2016) stehen zudem eine traumatische Geburtserfahrung im Zusammenhang mit der Entstehung einer PTBS. Die Betreuung durch das Hebammenteam und die Möglichkeit, Fragen zu stellen, sowie das Erleben einer normalen physiologischen Geburt waren mit signifikant weniger postnatalen PTBS-Symptomen assoziiert.

> Sekundäre Sectiones stellen [einen] weiteren Risikofaktor für die Entwicklung einer PTBS nach der Geburt dar. Dies ist dadurch begründet, dass die Entscheidung zur sekundären Sectio meist schnell nach einem unbefriedigenden Geburtsverlauf mit Wehenschmerz/Erschöpfung getroffen werden muss, die Frau Kontrolle abgeben muss, sich oft hilflos und ausgeliefert fühlt. Die Gebärende hat Angst um ihr Kind und erlebt sich im Konflikt zwischen dem Wunsch nach einem gesunden Kind und

> der Verletzung der eigenen Körperintegrität durch die Operation, häufig in Vollnarkose, was wiederum in Diskrepanz zu den eigenen Vorstellungen und Erwartungen ist. (Weidner et al. 2018, 191)

OP-Folgen wie Schmerzen oder Trennung vom Kind, ein unsensibler Umgang durch das Klinikpersonal bei der Entscheidungsfindung sowie die Umgebung (Geräusche, Worte), können das Panikerleben der Frau verstärken (vgl. Weidner et al. 2018, 191).

Nicht selten werden aufgrund eines traumatischen Geburtserlebens weitere Schwangerschaften vermieden. Wird die Patientin trotz dieses Vermeidungsverhaltens erneut schwanger, kommt es oft zu einer Reaktualisierung der früheren Symptomatik in der Schwangerschaft, verbunden mit starken Geburtsängsten. „Wie ein Film" kann das ganze vergangene Geschehen dadurch wieder präsent werden. Die betroffenen Frauen haben einen deutlich erhöhten Betreuungsbedarf in der Schwangerschaft sowohl durch GynäkologInnen als auch Hebammen. Manchen hilft der Kontakt zu einer Beleghebamme, wenn durch den kontinuierlichen Kontakt Ängste reduziert und die Autonomie gestärkt werden können. Auch die Frage nach einer primären Sectio wird von Frauen mit traumatischen (Geburts-)Erfahrungen nicht selten gestellt, was durchaus indiziert sein kann. Die typischen Symptome einer posttraumatischen Belastungsstörung können von einer deutlich depressiven Symptomatik begleitet werden. Frauen mit depressiver Symptomatik nach der Entbindung sollten daher auch immer aufmerksam auf Intrusionen und Flashbacks sowie ein Derealisationserleben untersucht werden, um mögliche Zusammenhänge mit einem traumatischen Geburtserleben nicht zu übersehen (vgl. Dorsch & Rohde 2016, 368 f.). Intrusionen umfassen das Wiedererinnern von traumatischen Ereignissen in Form von Albträumen und Bildern. Dazu gehören auch Flashbacks. Flashbacks werden durch einen Schlüsselreiz wie Gerüche oder Berührungen ausgelöst und es kommt zum Wiedererleben des traumatischen Ereignisses und der erlebten Gefühlszustände. Betroffene erleben die vergangene Situation im „Hier und Jetzt" erneut (vgl. Stangl 2022d, o. S.). Bei einem Derealisationserleben nehmen Betroffene das Umfeld als verfremdet wahr (vgl. Stangl 2022b, o. S.).

Um eine Traumatisierung bei der Geburt zu vermeiden, sind eine kritische Reflexion der eigenen Haltung gegenüber der Gebärenden und dem Kind und die Anerkennung der bestehenden Machtverhältnisse wichtige Voraussetzungen. Das Wissen darüber, welche Faktoren ein Trauma kennzeichnen oder seine verletzende Wirkung verstärken, kann zu einem (noch) achtsameren Handeln führen. Es gibt Faktoren wie die Hilflosigkeit, die Abhängigkeit zum Täter, die Intimität, die Schmerzen und damit verbundenen Ängste, oder das Überschreiten natürlicher Schamgrenzen, die ein Ereignis mit einem besonderen Risiko für eine Traumatisierung und dessen Schwere behaften. Diese Faktoren sind bereits durch den Charakter einer Geburt berührt und machen das Geburtsereignis zu einer sensiblen Lebenserfahrung (vgl. Deutscher Hebammenverband e. V. 2012, 19 f.).

Zusammenfassend kann darauf hingewiesen werden, dass Depressivität und PTBS mit einem negativen Geburtserleben assoziiert sind (vgl. Rhigetti-Veltema et al. 1998; Wijma et al. 1997). Lyons (1998) hat durch eine Studie mit 42 Müttern post partum gezeigt, dass berichtete Symptome von PTBS und postnataler Depression koexistieren. In ihren Frühformen als Baby Blues und akute Belastungsreaktion sind sie als nicht pathologisch anzusehen (vgl. Riecher-Rössler 2006, 66) können jedoch als Risikofaktor zur Entstehung vollausgeprägter Krankheitsbilder beitragen (vgl. Stadlmayr et al. 2005, o. S.).

5.3 Der Einfluss postpartaler psychischer Störungen auf die Mutter-Kind-Dyade

Eine psychische Erkrankung der Mutter nach der Geburt kann die Beziehung und die Kommunikation zum Kind negativ beeinflussen, sodass das Kind psychosomatische Störungen oder Störungen der Verhaltensregulation entwickelt. Im Säuglings- und Kleinkindalter ist dies von besonderer Relevanz, weil in den ersten drei Lebensjahren (z. T. irreversibel) die Grundbausteine für die weitere körperliche, geistige und seelische Entwicklung des Kindes gelegt werden. So ist beispielsweise das Erkrankungsrisiko des Kindes unter Berücksichtigung des kindlichen Temperaments bei einer Depression der Mutter oder des Vaters um das 3,4-Fache erhöht (vgl. Ramsauer et al. 2013, 165).

Wenn die Sprache der Mutter durch eine flache Stimme, geringe vokale sowie mimische Expressivität und dadurch eine wenig belebte Babysprache gekennzeichnet ist, dann sind die Aufmerksamkeit und das assoziative Lernen des Säuglings beeinträchtigt bzw. gehemmt. Einige Säuglinge werden von ihren psychisch erkrankten Müttern seltener berührt oder die Berührung ist weniger angenehm. Liebevolle Berührungen stimulieren das kortikale Wachstum und die synaptische Ausbreitung im kindlichen Gehirn. Dies sind Hirnreale, die das symbolische Denken und die Fähigkeit, Verhalten und Reaktionen anderer Menschen und sich selbst zu interpretieren fördern. Die Entwicklung dieser Fähigkeit ist von der affektiv-interaktiven Qualität der primären Fürsorgebeziehung abhängig (vgl. Ramsauer et al. 2013, 166).

Das Kind entwickelt im Spiel mit Bezugspersonen im Idealfall Komplexität, Variabilität und Ausdauer. Psychisch erkrankte Mütter verfügen häufig über eine eingeschränkte Fähigkeit zu symbolischem Spiel. Sie überlassen es den Kindern dann, allein zu spielen, oder sind nur halbherzig dabei, wenn sie dazu aufgefordert werden (vgl. Ramsauer et al. 2013, 166).

Im Kleinkindalter besteht ein höheres Risiko, dass Kinder psychisch kranker Mütter, Bindungsunsicherheiten, soziale und kognitive Beeinträchtigungen sowie psychosomatische Erkrankungen entwickeln (vgl. Ramsauer et al. 2013, 167).

Aus den dargestellten Gründen und Erkenntnissen in Bezug auf psychische Störungen ergibt sich für die klinische Praxis der Mutter-Kind-Behandlung die Notwendigkeit einer standardisierten Diagnostik der Mutter, des Kindes und der Mutter-Kind-Interaktion. Darauf aufbauend ist ein Behandlungs- und/oder Hilfeplan notwendig, der die mütterliche psychopathologische Störung, die kindlichen Symptome, die dyadische Beziehung und die fehlangepassten Fürsorgekompetenzen sowie den Vater und die erweiterte Familie und deren Ressourcen miteinbezieht (vgl. Ramsauer et al. 2013, 169).

In der Studie von Heinisch et al. (2019) wurden 140 Mütter (102 Mütter mit postpartalen psychischen Störungen und 38 psychisch unauffällige Mütter) im deutschsprachigen Raum in Form von Videointeraktionen mit ihrem Kind auf die Aspekte Reaktionsfähigkeit der Bezugsperson, Schnelligkeit der Reaktion, Angemessenheit der Reaktion der Bezugsperson, Zudringlichkeit der Bezugsperson sowie positive und negative Affekte gegenüber dem Kind untersucht. Die Analyse zeigte eine erhöhte Zahl von Defiziten auf allen Subskalen bei Müttern mit postpartalen psychiatrischen Störungen im Vergleich zu den gesunden Müttern. Das Verhalten von depressiven Müttern schien eher elternzentriert mit hohen Werten bei der Aufdringlichkeit und geringen Werten bei der Reaktion, Schnelligkeit und Angemessenheit (vgl. Heinisch et al. 2019, 1).

Die Mutter-Kind-Behandlung erfordert fachlich psychotherapeutische, pädagogische und pflegerische Zusatzqualifikationen, um das Entwicklungsrisiko und die kindliche psychopathologische Entwicklung einschätzen sowie Interventions- oder Präventionsmaßnahmen frühzeitig einleiten und durchführen zu können. Dies verlangt die Kooperation verschiedener Fachdisziplinen (vgl. Ramsauer et al. 2013, 170).

Eine Selbsthilfeorganisation zu postpartalen psychischen Erkrankungen ist Schatten & Licht e. V., 1996 in Deutschland gegründet:

> [Die] Organisation betreibt ein bundesweites Selbsthilfegruppen- und Beraterinnen-Netz, führt eine umfangreiche Fachleute-Liste, stellt Informationen zu den stationären Mutter-Kind-Einheiten zusammen, erfasst Fachliteratur, betreibt Öffentlichkeitsarbeit mittels Fortbildungen, Vorträgen und Medien, unterstützt die wissenschaftliche Forschung und unterhält diese dreisprachige Website [www.schatten-und-licht.de], die

umfangreichen Informationen zu der Thematik und ein betreutes Forum beinhaltet. (Schatten und Licht e. V. o. J., o. S.)

Bei einer unbehandelten Mutter-Kind-Interaktions- und Beziehungsstörungen besteht das Risiko von Bindungsstörungen des Kindes, die wiederum als Risikofaktor psychischer und auch körperlicher Erkrankungen über die Lebensspanne gelten. Die psychische Verarbeitung von Schwangerschaft und Geburt hat somit eine transgenerationale Bedeutsamkeit (vgl. Weidner 2018, 193).

Aus der umfangreichen Literaturrecherche ergibt sich die von der Verfasserin erhobenen Studie, welche ab dem folgenden Kapitel 6 dargestellt wird.

Forschungsteil 6

Aus der Literatursuche in entsprechenden Fachzeitschriften wie die Zeitschrift für Hebammenwissenschaften oder Zeitschrift für Geburtshilfe & Neonatalogie, der Recherche im Internet und der Suche in psychologischen Datenbanken wie Pubmed oder APA PsycNet leiten sich insgesamt 4 Hypothesen für die empirische Studie im Rahmen der vorliegenden Arbeit ab, welche mithilfe quantitativer Forschung beantwortet werden.

6.1 Hypothesen

Die vorliegende Arbeit beschäftigt sich mit der folgenden Frage: **Inwieweit haben Gewalterfahrungen unter der Geburt Einfluss auf das postpartale Befinden der Frau?** Daraus lassen sich die folgenden vier Hypothesen ableiten:

1. Frauen mit Gewalterfahrungen unter der Geburt (unabhängige Variable, UV) leiden häufiger an depressiven Symptomen und/oder an einer posttraumatischen Belastungsstörung (abhängige Variable, AV) als Frauen ohne entsprechende Gewalterfahrungen.
2. Gewalterfahrungen unter der Geburt (UV) stehen in einem positiven Zusammenhang zu einem negativen Geburtserleben (AV).
3. Die Zufriedenheit mit der Hebammenbetreuung (UV) steht in einem positiven Zusammenhang zum Geburtserleben (AV).

Ergänzende Information Die elektronische Version dieses Kapitels enthält Zusatzmaterial, auf das über folgenden Link zugegriffen werden kann https://doi.org/10.1007/978-3-658-43286-7_6.

L. Fabian, *Gewalt in der klinischen Geburtshilfe*, BestMasters,
https://doi.org/10.1007/978-3-658-43286-7_6

4. Bei einer selbstbestimmten Geburt (UV) erlebt die Gebärende weniger Gewalt (AV) als bei einer vom geburtshilflichen Personal bestimmten Geburt.

Die formulierten spezifischen Hypothesen, die in der Untersuchung getestet werden sollen, werden als Alternativ- oder Gegenhypothesen (H1) bezeichnet.

Der wissenschaftliche Status quo wird hingegen anhand der jeweiligen Nullhypothese (H0) repräsentiert (vgl. Raithel 2008, 34 f.).

Mit den Hypothesen werden auch die zu untersuchenden Merkmale festgelegt und die Relation zwischen ihnen wird beschrieben. Dies ist in erster Linie die Bestimmung der abhängigen Variablen (AV) und unabhängigen Variablen (UV). Die abhängigen Variablen sind jene, die untersucht bzw. erklärt werden sollen. Von welchen Einflussfaktoren diese abhängig sind, wird mithilfe der unabhängigen Variablen erklärt. Eine unabhängige Variable steht für sich allein. Ihr Wert ändert sich nicht aufgrund der Auswirkungen einer anderen Variablen (vgl. Raithel 2008, 157 f.). Für gerichtete Hypothesen, wie in dieser Studie definiert, werden einseitige Tests wie der Mann-Whitney-U Test oder Chi-Quadrat-Tests (X2-tests) durchgeführt (vgl. Kuckartz et al. 2010, 140).

6.2 Aufbau des Fragebogens

Nachfolgend wird der Aufbau des Fragebogens mit Hinweisen zu den validierten Testverfahren dargestellt. Der Fragebogen ist in der Anlage II im elektronischen Zusatzmaterial einsehbar.

6.2.1 Soziodemografische/geburtsspezifische Fragen

Die soziodemografischen und geburtsbezogenen Merkmale der Studienteilnehmerinnen wurden in Form eines eigens für diese Untersuchung entworfenen Anamnesefragebogens erfasst.

Die soziodemografischen Daten umfassen das Alter und den Ausbildungsstand der Frau sowie die Antwort auf die Frage nach einer vorangegangenen Psychotherapie bzw. psychiatrischen Behandlung. Außerdem werden allgemeine Fragen zur Geburt gestellt. Dazu gehört die Art der Geburt (siehe Fragebogen), die Zahl der Geburten und der Ort der Entbindung.

Weitere geburtsbezogene Fragen umfassten Beziehungsfaktoren zur Hebammenbetreuung (sechs Fragen). Zur Beurteilung wurden Likert-Skalen eingesetzt, wobei fünf Antwortmöglichkeiten vorgegeben wurden („Nein“, „kaum“, „mittelmäßig“, „ziemlich“, „ja“). An dieser Stelle ist zu erwähnen, dass Mittelkategorien dazu führen können, dass diese -obgleich sie der tatsächlichen Einstellung entsprechen- angekreuzt wird (Tendenz zur Mitte) (vgl. Bogner & Landrock 2015, 4). Mittels einer 4-stufigen Likert-Skala („sehr zufrieden“, „zufrieden“, „eher unzufrieden“, „gar nicht zufrieden“) wurde die Zufriedenheit mit der Hebammenbetreuung, den ÄrztInnen sowie dem organisatorischen Ablauf der Geburt erfragt.

Die Frage nach einer selbstbestimmten Geburt wurde in vier Fragen unterteilt, wobei eine Frage direkt zu einer selbstbestimmten Geburt führt. Hierbei wurde erneut eine 5-stufige Likert-Skala zur Beantwortung eingesetzt („nein“, „kaum“, „mittelmäßig“ „ziemlich“, „ja“). Die Fragen nach Gewalterfahrungen unter der Geburt sowie zum Geburtserleben und der Befindlichkeit in Form von Depressionen (vgl. Abschnitt 5.1) und PTBS (vgl. Abschnitt 5.2) werden mittels validierter Fragebögen erhoben, die in Abschnitt 6.2.2 näher beschrieben werden.

Der eigens konzipierte Fragebogen zu Gewalt (vgl. Abschnitt 6.2.) und postpartaler Befindlichkeit (in der Anlage II des elektronischen Zusatzmaterials einsehbar) enthält 9 halboffene sowie 61 geschlossene Fragen. Vorteile von geschlossenen gegenüber offenen Fragen sind im Allgemeinen die folgenden: bessere Vergleichbarkeit der Antworten, höhere Durchführungs- und Auswertungsobjektivität, geringerer Zeitaufwand für die Befragten, leichtere Beantwortbarkeit für Befragte mit Verbalisierungsschwierigkeiten und geringerer Aufwand bei der Auswertung (vgl. Raithel 2008, 68).

Geschlossene Fragen (Multiple-Choice-Fragen) können als Mehrfach- oder Einzelnennung konzipiert werden. Bei der Einzelnennung wird von der bzw. vom Befragten verlangt, sich zwischen den bestehenden Antwortalternativen für eine exklusiv zu entscheiden. Die gebräuchlichste Form von Antwortkategorien sind dichotome Ja-Nein-Fragen sowie Ranking- bzw. Ratingskalen. Die Fragen wurden so strukturiert, dass eine statistische Auswertung (über nominale oder ordinale Variablen bei Verwendung äquidistanter Antwortausprägungen auf den Likert-Skalen) ermöglicht wurde. Bei dichotomen Antwortmöglichkeiten konnten von den Probandinnen weiterführende Angaben in Form von freien Anmerkungen unter „Sonstiges“ gemacht werden.

6.2.2 Angewandte validierte Tests

Salmon's Item List (SIL-Ger_12)

Salmon et al. (1990) entwickelten mit der Salmon's Item List einen Fragebogen zur Abbildung des Geburtserlebens von Frauen, der auf der Annahme der Geburt als multidimensionaler Erfahrung basiert. Von der Arbeitsgruppe um Stadlmayr et al. (2001) wurde diese Skala ins Deutsche übertragen und mit einer für die deutschsprachige Version eigenen Dimensionsstruktur zur Messung des Geburtserlebens von Frauen validiert (SIL-Ger) (vgl. Stadlmayr 2001, 12 ff.). Bei der in der vorliegenden Studie eingesetzten deutschsprachigen Version SIL-Ger_12 wird das Geburtserleben in jeweils zwei intrapartale (während der Geburt eines Kindes) Erlebnisweisen und zwei postnatalen Dimensionen abgebildet. Intrapartal werden die emotionale Adaptation an den Geburtsverlauf sowie das Gefühl von Schmerz- bzw. Belastungserleben abgebildet. Zu den postnatalen Dimensionen gehört die emotionale Bewertung als Erfülltheit oder negatives emotionales Erleben, sprich Enttäuschung (vgl. Stadlmayr 2009). Die Konstanten Angst, Kontrolle und Zeitdauer sind zusätzliche Einzelitems. Der Fragebogen für diese Studie umfasst die Kurzversion des SIL-Ger_20, den SIL-Ger_12. Dieser erfasst zwölf emotionale und kognitive Zustandsbeschreibungen, die verschiedene Aspekte des Geburtserlebens beschreiben. Zwischen den Begriffspaaren sollte die Probandin diejenige Ausprägung des beschriebenen Zustands auf einer Skala von 1 bis 7 wählen, die am ehesten auf den Geburtsvorgang zutrifft.

Für die Bildung eines Gesamtsummenwertes bezüglich des SIL-Ger wurde eine sehr gute psychometrische Qualität (Cronbachs Alpha von .88) und die Eignung zur Erfassung eines „guten oder schlechten Geburtserlebens" am zweiten bis vierten Tag nach der Geburt für Frauen belegt (vgl. Stadlmayr et al. 2001). Die Auswertung des SIL-Ger_12 erfolgt nach den Vorgaben von Stadlmayr et al. (2009). Die Fragen 2, 3, 5, 6, 7, 8 und 11 werden als Differenz „8 minus angekreuzter Wert" gerechnet. Der SIL-Ger_12-Score ergibt sich, wenn der Summenwert der zwölf Items um die Zahl 12 verringert wird (Score von 0–72). Dabei entspricht ein hoher Wert ab 40 einem guten Geburtserleben. Bei einem Cut-off-Wert (Grenzwert) von 40 ist von einem gleichermaßen positiven und negativen Geburtserleben auszugehen (vgl. Stadlmayr 2009; Stadlmayr 2006).

Gewaltscreener nach Schlack et al. (2013)

Ein aussagekräftiges und Survey-geeignetes Screening-Instrument zu Gewalterfahrungen wurde in der Vorbereitungsphase trotz intensiver Literaturrecherche nicht gefunden. Daher wurde der vom Robert Koch-Institut 2008 entwickelte „Erhebungsbogen" zu körperlicher und psychischer Gewalt in den vergangenen zwölf

Monaten aus der Opfer- und Täterperspektive, wobei die Täterperspektive bei dieser Studie außer Acht gelassen wurde, herangezogen. Dieser bestand den Pretest des DEGS1 (Studie zur Gesundheit Erwachsener in Deutschland von 2008 – 2011) erfolgreich. Die Erhebung von Gewalterfahrungen erfordert eine besondere Sensibilität; die Sicherheit und Anonymität der Befragten sollten gewährleistet sein (vgl. Schlack et al. 2013, 756). Der Gewaltscreener besteht in seiner Originalfassung aus jeweils einer Frage zu körperlicher und psychischer Gewalt. Zur Viktimisierung von körperlicher Gewalt sei folgende Frage genannt:

> Haben Sie in den letzten 12 Monaten erlebt, dass jemand Sie körperlich angegriffen hat (zum Beispiel geschlagen, geohrfeigt, an den Haaren gezogen, getreten, mit einer Waffe oder mit einem Gegenstand bedroht)?' Für die Viktimisierung durch psychische Gewalt lautete die Einstiegsfrage: ,Sind Sie in den letzten 12 Monaten durch irgendeinen Menschen abgewertet worden (z. B. bezüglich Ihres Aussehens, Ihrer Art, sich zu kleiden, Ihrer Denk-, Handlungs- oder Arbeitsweise oder möglicher Behinderungen)? (Schlack et al. 2013, 756)

Der Gewaltscreener wurde für diese Studie in veränderter Form verwendet. Der Betrachtungszeitraum von zwölf Monaten wurde zur Formulierung „während der Geburt" geändert. Zudem ist zu jeder der oben genannten 2 Fragen eine Itemliste erstellt worden. Um die Gefahr einer zu starken Belastung oder gar Retraumatisierung der Zielpersonen durch die Befragung möglichst gering zu halten, wurden bei der Fragebogenentwicklung bestimmte methodische Standards berücksichtigt, z. B. das Vermeiden des Begriffs „Gewalt" oder das Abfragen in Itemlisten. Dadurch entstand ein Erhebungsinstrument, welches nach Grieschat (2022) häufige Formen von psychischer und körperlicher Gewalt unter der Geburt beinhaltet (vgl. Grieschat 2022, o. S.).

Eine Mehrfachnennung sowie die Option, der Itemliste unter „Sonstiges" etwas hinzuzufügen, sind möglich gewesen. Eine Frau galt als von der Gewalt betroffen, wenn sie im Fragebogen angegeben hatte, unter der Geburt mindestens eine der aufgeführten Handlungen erlebt zu haben.

Edinburgh Postnatal Depression Scale (EPDS)

Bei der EPDS handelt es sich um ein spezifisches Messinstrument zur Erfassung postpartaler Depression. Sie wurde von Bergant et al. (1998) in die deutsche Sprache übersetzt und in dieser Version einer Reliabilitäts- und Validitätsprüfung unterzogen. Bei einem EPDS-Summenscore-Schwellenwert von 9,5 wurden eine Sensitivität von 0,96, eine Spezifität von 1 und ein positiver Vorhersagewert ebenfalls von 1 ermittelt. Die Reliabilitätsanalyse bezüglich der EPDS ergab für die Guttman-Split-Half-Reliabilität einen Wert von 0,82 und für den α-Koeffizienten einen Wert von 0,81 (vgl. Bergant 1998, 35). Somit stellt die deutsche Version der EPDS laut Bergant (1998) eine anwenderfreundliche, valide und zuverlässige Methode zur Unterstützung der Diagnose postpartaler depressiver Störungen dar. Sie ist sowohl für den klinischen als auch den Forschungseinsatz geeignet (vgl. Bergant 1998, 35). Bei der EPDS handelt es sich um eine Selbsteinschätzungsskala mit zehn Fragen, wobei Folgendes gilt:

> Die Höhe des Scores verhält sich proportional zum Schweregrad der depressiven Symptomatik. Für den zeitlichen Rahmen der Anwendung gilt, dass er auch bereits in der Schwangerschaft verwendet werden kann, um vorgeburtliche Depressionen zu messen. Ebenso ist er nach den ersten Tagen der Geburt einsetzbar. (Reulbach 2009, 709 f.)

Cut-off-Werte in der vorliegenden Studie von > 9,5 nach Bergant et al. (1998) werden zur Erkennung depressiver Verstimmungen verwendet.

Der mittels der EPDS geltende retrospektive Betrachtungszeitraum von einer Woche wurde in der vorliegenden Untersuchung zur Formulierung „seit der Geburt Ihres Kindes“ geändert. Die in der vorliegenden Untersuchung erhobenen EPDS-Werte wurden daher zum Untersuchungszeitpunkt als Ausdruck postpartaler Befindlichkeit betrachtet und können lediglich einen Hinweis auf depressive Verstimmungen geben. Zudem ist anzumerken, dass die Frauen zu unterschiedlichen Zeitpunkten nach der Geburt – von 1 Monat bis 12 Monate postpartum – an der Studie teilgenommen haben.

<u>Impact-of-Event-Skala -revidiert (IES_R) zur Erfassung posttraumatischer Belastungsstörung</u>

Die Impact-of-Event-Skala ist ein häufig verwendetes Messinstrument zur Erfassung posttraumatischer Belastungsstörung. Maercker und Schützwohl (1998) überprüften die Validität der deutschen Version des IES_R. Der IES_R ist ein Selbsteinschätzungsfragebogen, bestehend aus 22 Items mit vierstufigem Antwortformat. Diese Items werden in der Auswertung drei Subskalen zugeordnet (Vermeidung, Intrusion, Übererregung), welche unterschiedliche Reaktionen auf Belastungssituationen darstellen. „Aus den 3 Subskalenwerten kann eine PTBS-Diagnose mittels der nachfolgenden Formel wahrscheinlich gemacht werden: Diagnostischer Wert X = −0.02 * Intrusionen + 0.07 * Vermeidung + 0.15 * Übererregung – 4.36“ (Maercker & Schützwohl, 1998, 138). Wenn der resultierende Wert > 0,0 beträgt, ist eine PTBS-Diagnose wahrscheinlich.

> Die interne Konsistenz (Cronbachs a) liegt für die Skala Intrusionen bei a = .90, IES, für die Skala a = .79, für die Skala Übererregung bei a = .90. Die Retest-Reliabilität

(3Monate) betrug für Intrusionen rtt = .80, Vermeidung rtt = .66 sowie Übererregung rtt = .79. (Maercker & Schützwohl, 1998, 138)

Die Sensitivität für die PTBS-Diagnosestellung beträgt 0,70 bzw. 0,76, ihre Spezifität 0,88 bzw. 0,90. Der Fragebogen wurde in unveränderter Form verwendet.

6.2.3 Beschreibung der Datenerhebung

Die vorliegende Erhebung zu Gewalterfahrungen unter der Geburt und zur postpartalen Befindlichkeit von Frauen wurde im Zeitraum vom 16. Juli 2022 bis zum 12. September 2022 durchgeführt. Es handelt sich dabei um eine Querschnittsbefragung (vgl. Raithel 2008, 50) mit einer einfachen Zufallsstichprobe. Dabei hatte jede Merkmalsträgerin die gleiche Chance, in die Stichprobe – direkt in einen (einstufigen) Auswahlvorgang – einbezogen zu werden. Die Vergleichsgruppen wurden erst nach der Erhebung bei der Datenauswertung gebildet, sodass es sich hierbei um ein Ex-post-facto-Design (Survey-Design) handelt (vgl. Raithel 2008, 52).

6.2.4 Vor- und Nachteile einer Onlinestudie

Onlinestudien bieten im Vergleich zu Laboruntersuchungen einige Vorteile. Durch die Nutzung des Internets lassen sich spezifische Personengruppen wie in diesem Fall (gewaltbetroffene) Mütter leichter erreichen und zur Teilnahme an Studien motivieren. Ein geringer Zeitaufwand, Flexibilität bezogen auf die Teilnahme und Anonymität sind für vulnerable Gruppen vorteilhafte Faktoren wie auch die Erreichbarkeit von Stichproben mit hochspezifischen Merkmalen. Zudem werden dabei Versuchsleitereffekte ausgeschlossen und Kosten geringgehalten bzw. ausgeschlossen (vgl. Echterhoff 2013b, 105 ff.).

Zugleich gibt es bei den Onlinestudien Nachteile wie Kontrollbedingungen, Kommunikations- bzw. Verständnisschwierigkeiten (vgl. Echterhoff 2013b, 108 f.). Um dem entgegenzuwirken, wurden eine leicht verständliche Sprache sowie validierte Fragebögen verwendet. Gleichzeitig ist darauf geachtet worden, das Wort „Gewalt“ nicht zu nutzen, um die Belastung der Teilnehmerinnen nicht potenziell zu erhöhen.

6.2.5 Gütekriterien

Im Rahmen der statistischen Testtheorie wurden Gütekriterien zur exakten und fehlerfreien Messung entwickelt. Zu Beginn sei erwähnt, dass Messfehler nicht ausgeschlossen und in der Forschungspraxis berücksichtigt werden. Messungen sollen möglichst objektiv, gültig/valide und zuverlässig/reliabel sein.

Objektivität bei einer statistischen Untersuchung bezieht sich darauf, inwiefern die Ergebnisse von der Durchführung, Auswertung und Interpretation der Personen, die die Untersuchung leiten bzw. durchführen, abhängen (vgl. Raithel 2008, 44 f.).

Die Validität bzw. Gültigkeit eines Messinstrumentes prüft das Messinstrument dahingehend, ob es das misst, was es messen soll. Die Validität kann nur in Bezug auf bestimmte andere Messungen beurteilt werden, z. B. durch eine Expertenvalidierung. Dazu nehmen sogenannte ExpertInnen des zu untersuchenden Gegenstandsbereichs eine Einschätzung der Gültigkeit der zum Einsatz geplanten Skala vor (vgl. Raithel 2008, 47).

Die Reliabilität (Zuverlässigkeit) einer statistischen Untersuchung spiegelt wider, inwiefern wiederholte Messungen zu den gleichen Ergebnissen führen (vgl. Raithel 2008, 46).

Die genannten drei Gütekriterien sind vorliegend insofern erfüllt, als für die vorliegende Erhebung standardisierte, validierte Fragebögen verwendet werden. Zudem handelt es sich bei der Erhebung um eine Zufallsstichprobe. Die erhobenen Daten werden mittels eines statistischen Auswertungsverfahren ausgewertet. Die Erhebung findet online anonym und freiwillig statt. Auf einen Pretest (Voruntersuchung) wurde aufgrund der Verwendung validierter Testverfahren verzichtet.

Die Datenerhebung erfolgt mittels eines Fragebogens (erstellt mit soscisurvey.de). Nach einer geeigneten Aufbereitung zur zielgerichteten Auswertung (Microsoft Excel (für Microsoft 365 MSO, Version 2209 Build 16.0.15629.20200), GNU PSPP Version 1.6.2. und DATAtab: Online Statistics Calculator) werden die Daten zusammenfassend beschrieben und dargelegt. Hierzu dient die Deskriptivstatistik. Diese setzt sich aus Verfahren wie Häufigkeitsanalysen, Tabellen und Regressionen zusammen (vgl. Echterhoff 2013a, 169 f.). Die vorliegend angewandten Verfahren werden in Abschnitt 6.3.2 an geeigneter Stelle näher beschrieben.

6.2.6 Beschreibung der Stichprobe

Mit der Erhebung der Daten steht die Darstellung einer Bestandsaufnahme zu Gewalterfahrungen und der postpartalen Befindlichkeit von Frauen im Vordergrund. Einschlusskriterien waren neben der Geburt eines Kindes in einer Klinik der Zugang zu sozialen Netzwerken wie Facebook und Instagram und/oder ein Account in der App „momunity.com", die seit 2018 als Netzwerk bzw. zum Austausch für Mütter in Deutschland dient (vgl. Momunity o. J., o. S.; Thiede 2019, o. S.). Zudem waren ausreichend Kenntnisse der deutschen Sprache nötig, um den Fragebogen online auszufüllen. 16 zufällig ausgewählte gynäkologische Praxen aus jedem Bundesland eine sowie die Hebammengesellschaften aller deutschen Bundesländer erhielten in der Zeit vom 16.07.2022 bis zum 01.08.2022 per E-Mail eine Anfrage zur Unterstützung der Studie. Jedoch meldeten sie sich bis zum Stichtag 01.09.2022 allesamt gar nicht oder aber mit einer Absage zurück. Gründe hierfür waren Urlaubszeiten oder die Tatsache, dass sie keine Studien auf ihrer Plattform veröffentlichen bzw. an Hebammenmitglieder verschicken (Sie bekämen zu viele Studienanfragen). Zusätzlich wurde am 15. Juli 2022 ein Flyer über diese Studie (siehe Anlage I im elektronischen Zusatzmaterial) erstellt und am 16. Juli 2022 in den sozialen Netzwerken Facebook und Instagram unter folgenden Hashtags hochgeladen: #geburt, #geburtserfahrung, #psychologie, #childbirth, #hebamme, #wochenbett, #zufrieden, #postpartaledepression, #birth, #klinik, #babyblues, #baby, #elternzeit, #mutterglück, #mamaleben, #mama, #studie, #fragebogen, #forschung. Zudem wurde der Flyer zur Studie am 16. Juli 2022 in der App momunity.com eingestellt. Am 31. Juli 2022 erfolgte ein Repost auf den genannten Plattformen.

„Onlinehebamme_", ein Instagram-Account mit über 20.000 FollowerInnen, hat sich am 19. Juli 2020 dazu bereit erklärt, die Studie in seiner Story einmalig zu teilen.

In der Zeit vom 16. Juli 2022 bis zum 12. September 2022 haben an der Studie 689 Frauen teilgenommen. Nach einer ersten Sichtung wurden am 19. September 2022 alle nicht komplett ausgefüllten Bögen sowie Fälle von Hausgeburten und Geburten, die länger als zwölf Monate zurücklagen, ausgeschlossen. Dadurch konnten 302 Fragebögen in die Auswertung eingehen. Die 302 Befragten haben den Fragebogen in einer durchschnittlichen Bearbeitungszeit von 08:41 Minuten vollständig beantwortet (Min.: 03:23 min, Max.: 22:04 min).

6.3 Methodische Vorgehensweise der Datenauswertung

Um die erhobenen Daten auszuwerten, erfolgte zunächst eine Fragebogencodierung.

Der Codeplan ordnet den einzelnen Fragen des Fragebogens jeweils Variablennamen zu. Das heißt, es wird eine Liste aller im Fragebogen erhobenen Variablen (Items) mit allen dazugehörigen Ausprägungen (bzw. Antwortvorgaben) erstellt, wobei jeder Variable (Merkmal) und Merkmalsausprägung ein spezieller Wert (Code) zugeordnet wird. Der Codeplan wiederum ist die Grundlage für das Anlegen der Datenmatrix, die die Daten aus „dem Stapel ausgefüllter Fragebögen" in eine Datenstruktur überträgt. Die „Datenmatrix" ist eine Tabelle, in welche die erhobenen Daten (numerisches Relativ) eingegeben werden. Auf dieser Basis wurden 8 Kreuztabellen (vgl. Abschnitt 7.5) entworfen, die dazu dienen, die gemeinsame Häufigkeitsverteilung jeweils zweier Variablen darzustellen und Zusammenhänge zwischen diesen zu prüfen (vgl. Raithel 2008, 83).

6.3.1 Deskriptive Datenanalyse

Nach einer geeigneten Aufbereitung zur zielgerichteten Auswertung werden die Daten zusammenfassend beschrieben und dargelegt. Hierzu dient die Deskriptivstatistik. Im Rahmen dieses Schrittes werden Häufigkeitsverteilungen sowie Lage- und Streuungsmaße betrachtet. Die deskriptive Datenanalyse erfolgte vorliegend durch die Bestimmung des Mittelwertes (MW), der Standardabweichung (Sd), des Medians (Med), des Minimums (min), des Maximums (max), des Modus (Mod) sowie absoluter Häufigkeit (n) und relativer Häufigkeit (%).

- Median

„Der Median (Med) bezieht sich auf die Häufigkeitsverteilung. Er teilt die Anzahl der Merkmalsträger in zwei gleich große Hälften" (Raithel 2008, 134).

- Modus

Der Modus gibt als Lagemaße an, welche Ausprägung am häufigsten vorkommt (vgl. Fahrmeir et al. 2007, 57).

- Standardabweichung

Bei der Standardabweichung handelt sich um eine rechnerische Maßzahl für metrische Daten, die angibt, wie weit die einzelnen Merkmalswerte von ihrem eigenen arithmetischen Mittel abweichen (vgl. Raithel 2008, 135).

- Varianz

Die Varianz (s2) ist die quadrierte Standardabweichung (vgl. Schwarz 2022a, o. S.).

- Mittelwert

Der Mittelwert, umgangssprachlich auch Durchschnitt genannt, teilt die Datenmenge in zwei gleich große Hälften (vgl. Raithel 2008, 135).

- Häufigkeitsverteilungen

Häufigkeitsverteilungen beschreiben, wie oft die verschiedenen Merkmalsausprägungen einer Variablen im Datensatz vorkommen. Es wird dabei zwischen absoluten und relativen Häufigkeiten unterschieden: Die absolute Häufigkeit gibt an, wie häufig eine bestimmte Merkmalsausprägung im Datensatz vorkommt. [...]. Die relative Häufigkeit zeigt, welcher relative Anteil der Untersuchungseinheiten eine bestimmte Merkmalsausprägung aufweist. (Schwarz 2022a, o. S.)

- Signifikanz

[Die] Signifikanz ist ein wichtiges Kriterium für die Beurteilung der Gültigkeit von Untersuchungsergebnissen. Mit der statistischen Signifikanz kann eine Aussage über die Bedeutsamkeit der Befunde getroffen werden. Sie ist eine Bezeichnung für die Wahrscheinlichkeit, mit der angenommen werden kann, dass die Unterschiede zwischen den Stichproben nicht zufällig, sondern Kennzeichen der Untersuchungseinheit sind. (Raithel 2008, 123)

Bei einem statistisch signifikanten Zusammenhang wird die Nullhypothese abgelehnt und stattdessen die Alternativhypothese angenommen (vgl. Raithel 2008, 123). Die Signifikanz ist von der Stichprobengröße abhängig (vgl. Kuckartz et al. 2010, 140). Als Signifikanzniveau (p) wurde 0,05 festgelegt. Wenn für einen Test der gefundene p-Wert kleiner als 0,05 ist, ist das Testergebnis statistisch signifikant.

- Effektstärke

Maßzahlen für die Stärke und Richtung eines Zusammenhangs sind Cramers V, Phi und Eta. Ein kleiner Effekt besteht bei .1 bzw. -.1, ein mittler Effekt bei .3 bzw. -.3 und ein großer Effekt liegt bei Messwerten ab .5 bzw. -.5. vor (vgl. Schäfer 2010, 119). Phi (ϕ) ist ausschließlich für 2-x-2-Tabellen geeignet, dahingegen wird Cramers V für jegliche Tabellengröße verwendet. Der Kontingenzkoeffizient (K) gilt ausschließlich für quadratische Tabellen (z. B. 3×3, 4×4, 5×5) (vgl. Schwarz 2022c).

- Korrelationsanalyse

Die Korrelationsanalyse beschreibt anhand des Korrelationskoeffizienten den Zusammenhang zwischen zwei oder mehr variablen Merkmalen.

Ein Korrelationskoeffizient (r) kann Werte zwischen -.1 und .1 (positiv) annehmen. Ein Korrelationskoeffizient von 0 zeigt an, dass kein linearer Zusammenhang gemessen werden konnte (vgl. Raithel 2008, 153). Bei intervallskalierten und normalverteilten Variablen wird die Korrelation nach Pearson berechnet. Ist mindestens eine der beiden Variablen ordinalskaliert oder nicht normalverteilt, wird die Rangkorrelation hingegen nach Spearman berechnet (vgl. Schäfer 2010, 119).

6.3.2 Testverfahren

Eine Reihe von Tests sind entwickelt worden, um die Zusammenhänge für verschiedene Hypothesen/Variablen zu berechnen. Nachfolgend werden ausschließlich die 4 Testverfahren dargestellt, welche in dieser Studie verwendet wurden.

- Chi-Quadrat-Test nach Pearson

Ein Signifikanztest bei 2-x-2-Kreuztabellen ist der Chi-Quadrat-Test nach Pearson (X^2). Er überprüft die Unabhängigkeit beider Variablen und stellt somit deren Zusammenhang dar. Dabei werden die beobachteten mit den erwarteten Häufigkeiten verglichen und deren Abweichung wird untersucht. Als Voraussetzung für diesen Test gilt, zu beachten, dass alle erwarteten Häufigkeiten größer als 5 sein müssen (vgl. Raithel 2008, 143). Die Variablen sind kategorial (nominal- oder ordinalskaliert).

Außerdem ist die Stichprobe > 50. Ist dies nicht der Fall, so wird bei einer Stichprobe kleiner als 20 der exakte Test nach Fisher verwendet und bei einer Stichprobengröße zwischen 20 und 50 die Korrektur nach Yates (vgl. Schwarz 2022c).

„Freiheitsgrade [df] bestimmen, wie viele Werte in einer Berechnungsformel für einen Kennwert bzw. Parameter frei variieren dürfen, damit es genau zu einem bestimmten Ereignis bzw. Wert kommt" (Planing 2022, o. S.). Wenn der Freiheitsgrad und das Signifikanzniveau bekannt ist, kann in einer Tabelle für X^2-Verteilung die Prüfgröße abgelesen werden. Bei einem Signifikanzniveau von 0,05 und einem Freiheitsgrad von 1 lautet der Wert 3,84. Bei einem Freiheitsgrad von 2 liegt der Wert bei 5,99. Dieser Wert wird auch bei Chi-Quadrat Tests kritischer Wert genannt. Sofern der empirische X^2-Wert größer als der kritische Wert ist, wird die H0 verworfen und die H1 angenommen (vgl. Planing 2022, o. S.; Fabian 2020, o. S.).

- Mann-Whitney-U-Test

Der Mann-Whitney-U-Test – ein nicht parametrisches Testverfahren – wird dann angewandt, wenn die Voraussetzungen für ein parametrisches Verfahren – beides sind statistische Prüfverfahren- nicht erfüllt sind. Nicht parametrische Verfahren sind auch als „voraussetzungsfreie Verfahren" bekannt, weil sie geringere Anforderungen als der parametrische Test an die Verteilung der Messwerte in der Grundgesamtheit stellen. So müssen die Daten nicht normalverteilt sein und die Variablen müssen lediglich ordinalskaliert sein im Vergleich zum parametrischen Test. Auch bei kleinen Stichproben (< 5) und Ausreißern kann ein Mann-Whitney-U-Test berechnet werden (vgl. Universität Zürich 2020, o. S.). Das Vorzeichen des Z-Werts gibt die Richtung des Unterschieds an, der zwischen den zwei untersuchten Gruppen besteht. Ein negatives Vorzeichen bedeutet hierbei, dass die zweite Gruppe signifikant höhere Werte aufweist, wohingegen ein positives Vorzeichen bedeutet, dass die erste Gruppe signifikant höhere Werte aufweist. Die Signifikanz des Mann-Whitney-U-Tests wird anhand des Wertes „asymptotische Signifikanz (2-seitig)" abgelesen. Ist dieser Wert kleiner als 0,05, ist von einem signifikanten Unterschied zwischen den zwei untersuchten Gruppen auszugehen (vgl. Smigierski o. J., o. S.)

- Spearmans Rho

Der Korrelationskoeffizient nach Spearman verfolgt das gleiche Ziel wie der Pearson-Koeffizient. Die Interpretation der Ergebnisse unterscheidet sich ebenfalls nicht. Der grundlegende Unterschied ist vielmehr, dass sich bei der Spearman-Korrelation hinsichtlich des statistischen Zusammenhangs auf die Ränge der Ausprägungen bezogen wird. Das heißt, dieser Koeffizient kann sowohl für intervall- als auch ordinalskalierte Datensätze berechnet werden. Eine Rangkorrelationsanalyse ist jedoch nur bei linearen Zusammenhängen anwendbar. Dabei entspricht $r = .10$ einem schwachen, $r = .30$ einem mittleren und $r = .50$ einem starken Effekt (vgl. Schwarz 2022d).

- Korrelation nach Bravais-Pearson

Die Korrelation nach Bravais-Pearson berechnet den linearen Zusammenhang zweier intervallskalierter Variablen. Die Pearson-Korrelation (r) wird für den Korrelationskoeffizienten nach Bravais und Pearson verwendet. Die Variablen sind mindestens intervallskaliert, außerdem gilt:

- Die Variablen sind normalverteilt.
- Der untersuchte Zusammenhang zwischen den Variablen muss linear sein.

Der Korrelationskoeffizient kann nur Werte zwischen -1 und $+ 1$ annehmen. Ist er kleiner als null ($r < 0$), so besteht ein negativer linearer Zusammenhang. Bei einem Wert größer als null ($r > 0$) besteht ein positiver linearer Zusammenhang und bei einem Wert von null ($r = 0$) besteht kein Zusammenhang zwischen den Variablen, wobei Folgendes gilt:

- $r = .10$ entspricht einem schwachen Effekt.
- $r = .30$ entspricht einem mittleren Effekt.
- $r = .50$ entspricht einem starken Effekt (Schwarz 2022 b).

Die Analyse erfolgte als explorative Datenanalyse. Untergruppen wurden mit dem Chi-Quadrat-Test verglichen. Als nicht parametrischer Test bei zwei Variablen wurde der Mann-Whitney-U-Test oder bei mehr als zwei Gruppen wurden Korrelationen nach Pearson bzw. Spearmans Rho zur Überprüfung der statistischen Signifikanz durchgeführt. Als Signifikanzniveau wurde $p < 0,05$ festgelegt. Die Ergebnisse werden im folgenden Kapitel 7 dargestellt.

7 Ergebnisse

Ein erster Schritt bei der Analyse der Daten ist die Darstellung dieser in Form deskriptiver Statistik, d. h. die Darstellung der Häufigkeitsverteilungen und die Darbietung in Form von Tabellen.

7.1 Auswertung soziodemografischer Daten

Die am häufigsten genannte Altersgruppe in der Stichprobe erfassten Mütter (n = 302) liegt in der Altersgruppe zwischen 26 und 35 Jahren. Es haben keine Frauen unter 18 oder über 45 Jahre teilgenommen (Tabelle 7.1)

Tabelle 7.1 Alter der befragten Mütter. (Eigene Darstellung)

Alter der Mütter	**Häufigkeit (n)**	**Prozent**
unter 18 Jahre	0	0,0 %
18 – 25 Jahre	25	8,3 %
26 – 35 Jahre	235	77,8 %
36 – 45 Jahre	42	13,9 %
über 45 Jahre	0	0,0 %
Gesamt	**302**	**100,0 %**

Dabei ist dies für 66,9 % der Frauen die für die Studie zugrunde liegende erste und für 27,2 % die zweite Geburt. Ein kleiner Prozentsatz von 5,3 % hat die dritte Geburt erlebt und mit 0,7 % war eine vierte Geburt die höchste Zahl von Geburten.

L. Fabian, *Gewalt in der klinischen Geburtshilfe*, BestMasters,
https://doi.org/10.1007/978-3-658-43286-7_7

Das Alter der Kinder liegt zwischen einem Monat (n = 38) und zwölf Monaten (n = 17). Der Mittelwert liegt bei 6,08 Monaten (Tabelle 7.2)

Tabelle 7.2 Alter der Kinder in Monaten. (Eigene Darstellung)

Alter des Kindes (in Monaten)	Häufigkeit (n)	Prozent
1	38	12,6 %
2	26	8,6 %
3	27	8,9 %
4	22	7,3 %
5	22	7,3 %
6	27	8,9 %
7	22	7,3 %
8	24	7,9 %
9	33	10,9 %
10	25	8,3 %
11	19	6,3 %
12	17	5,6 %
Gesamt	**302**	**100,0 %**

Bezüglich der Geburtsorte sind alle deutschen Bundesländer vertreten. Die Mehrzahl der Frauen hat in einer Klinik in Baden-Württemberg (n = 49), gefolgt von Nordrhein-Westfalen (n = 45) entbunden. Außerdem haben 3 Frauen in Österreich und 4 Frauen in einer Klinik in der Schweiz (Auswahl von „Sonstiges“) ihr Kind bekommen (Abbildung 7.1)

Von den 302 befragten Müttern haben 129 spontan vaginal und 90 Frauen vaginal, aber mit Intervention(en) ihr Kind entbunden. Insgesamt 70 Frauen hatten einen Kaiserschnitt entweder unter der Geburtsarbeit, geplant am Geburtstermin oder auf Wunsch.

Außerdem gaben 13 Frauen unter „Sonstiges“ folgende Einträge an (Original-Rechtschreibung wurde beibehalten): „Notkaiserschnitt“; „spontane Geburt mit Not-OP wegen festsitzender Plazenta“; „sekundärer Kaiserschnitt, der allerdings ein geplanter KS mit Termin aus med. Gründen geworden wäre, wenn die Fruchtblase nicht eher geplatzt wäre“; „geplanter Kaiserschnitt wegen BEL[Beckenendlage], er wollte aber 4 Tage vor dem Termin kommen, also geplanter Kaiserschnitt einfach früher“; „geplanter KS nach 1wöchiger Einleitung aufgrund Präeklampsie“;„ Einleitung mit Notkaiserschnitt“; „Kaiserschnitt,

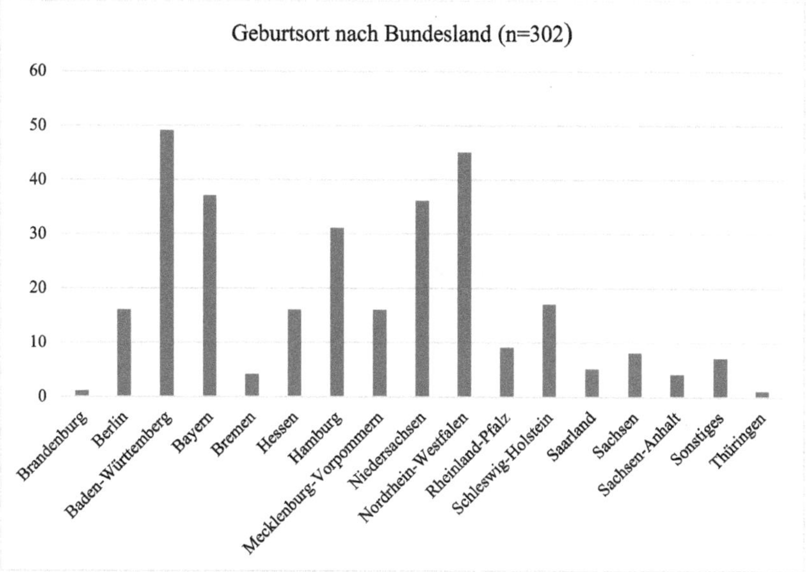

Abbildung 7.1 Bundesland des Geburtsortes. (Eigene Darstellung)

da 13 Tage über Termin und 3 Tage Einleitung ohne Erfolg"; „zuvor 4 Tage Einleitung ohne Erfolg"; „geplanter Kaiserschnitt, allerdings ist die Fruchtblase 4 Tage vorher gesprungen"; „Kaiserschnitt wegen Erschöpfung; nach Versuch einer vaginalen Geburt Wunschkaiserschnitt unter der Geburt, da zu viel Zeit nach Blasensprung vergangen und Kind in Beckenendlage"; „erst war es ein geplanter Kaiserschnitt, da er in Beckenendlage lag und dann war es ein Notkaiserschnitt"; „kleiner medizinischer Grund und ich wollte keinen notkaiserschnitt deshalb geplant." (Abbildung 7.2)

71 Frauen haben eine Psychotherapie gemacht und 30 waren oder sind in psychiatrischer Behandlung (Tabelle 7.3 und Tabelle 7.4)

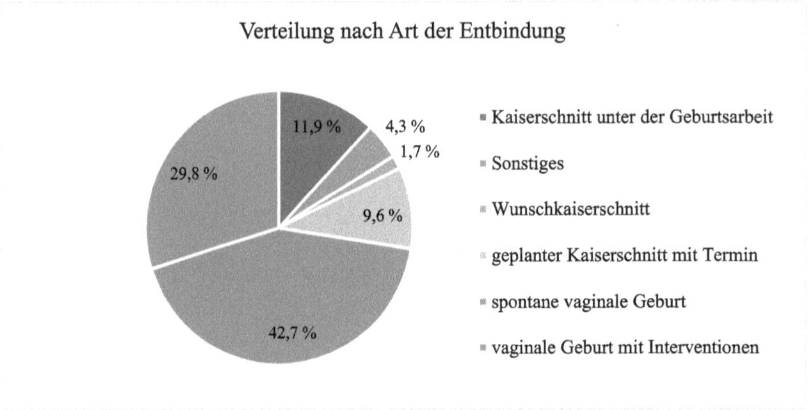

Abbildung 7.2 Verteilung nach Art der Entbindung. (Eigene Darstellung)

Tabelle 7.3 Häufigkeit Psychotherapie. (Eigene Darstellung)

Psychotherapie	Häufigkeit (n)	Prozent
Ja	71	23,5 %
Nein	231	76,5 %
Gesamt	**302**	**100,0 %**

Tabelle 7.4 Häufigkeit psychiatrische Behandlung. (Eigene Darstellung)

In psychiatrischer Behandlung	Häufigkeit (n)	Prozent
Ja	30	9,9 %
Nein	272	90,1 %
Gesamt	**302**	**100,0 %**

7.2 Auswertung geburtsspezifischer Faktoren

Die klinische Hebammenbetreuung während der Geburt haben die Frauen folgendermaßen eingeschätzt:

Insgesamt haben sich 76 Frauen von der Hebamme mittelmäßig bis nicht emotional begleitet gefühlt. Zudem haben 77 Frauen eine mittelmäßige bis keine Unterstützung bei der Schmerzverarbeitung empfunden und 87 Mütter sahen sich unzureichend über die Behandlung/das Vorgehen aufgeklärt. In 155 Fällen hat sich die Hebamme hingegen ausreichend Zeit genommen, die Frauen emotional begleitet (n = 162) und bestärkt (n = 179).

108 Frauen hatten eine 1:1-Betreuung durch die Hebamme, während dies 124 Frauen nicht bekannt war (Tabelle 7.5).

Tabelle 7.5 Häufigkeiten des Auftretens/Bestehens der Kriterien für die Hebammenqualität. (Eigene Darstellung)

Qualitätskriterium	nein	kaum	mittelmäßig	ziemlich	ja	kann ich nicht beurteilen	Gesamt
Nahm sich ausreichend Zeit	7	19	41	79	155	1	302
Beantwortete meine Fragen	0	14	20	66	191	11	302
Begleitete mich emotional	16	19	41	46	162	18	302
Bestärkte mich	13	16	34	51	179	9	302
Umfassende Aufklärung	14	29	44	70	121	24	302
Unterstützung in/bei der Schmerzverarbeitung	14	22	41	65	139	21	302
Gesamt	**64**	**119**	**221**	**377**	**947**	**84**	

Um die Qualität der Hebammenbetreuung einzuschätzen, wurden die Ergebnisse zu den sechs Fragen zur Hebammenbetreuung analysiert. Dazu wurde bezüglich der Skala von „nein bis ja" eine Punktzahl vergeben (nein = 1 Punkt, kaum = 2 Punkte, mittelmäßig = 3 Punkte, ziemlich = 4 Punkte, ja = 5 Punkte). Der Parameter „kann ich nicht beurteilen" wurde hingegen nicht gewertet. Ein Mittelwert von 1,83 aller beantworteten Fragen ist so ermittelt worden, sodass folgende Hebammenqualität gemessen wurde (Tabelle 7.6)

Tabelle 7.6 Bewertungsmatrix Hebammenqualität. (Eigene Darstellung)

Bewertung	Bewertung	Häufigkeit (n)	Prozent
1,00 – 2,00	eher hohe Qualität	214	70,86 %
2,01 – 3,50	mittelmäßige Qualität	58	19,21 %
3,51 – 5,00	eher geringe Qualität	30	9,93 %
Gesamt		**302**	**100,00 %**

214 Frauen schätzen die Hebammenqualität als hoch ein, während 88 Frauen unter der Geburt demnach eine mittelmäßige bis eher geringe Hebammenqualität erlebt haben.

Insgesamt sind 84,1 % der Mütter zufrieden bis sehr zufrieden mit der Hebammenbetreuung und der Betreuung durch die ÄrztInnen (80,4 %). 78,8 % der Frauen waren mit dem organisatorischen Ablauf unter der Geburt zufrieden (Tabelle 7.7, Tabelle 7.8 und Tabelle 7.9)

Tabelle 7.7 Zufriedenheit mit der Hebammenbetreuung insgesamt. (Eigene Darstellung)

Zufriedenheit mit der Hebammenbetreuung insgesamt	**Häufigkeit (n)**	**Prozent**
sehr zufrieden	154	51,0 %
Zufrieden	100	33,1 %
eher unzufrieden	31	10,3 %
gar nicht zufrieden	11	3,6 %
kann ich nicht beurteilen	6	2,0 %
Gesamt	**302**	**100,0 %**

Tabelle 7.8 Zufriedenheit mit dem organisatorischen Ablauf. (Eigene Darstellung)

Zufriedenheit mit dem organisatorischen Ablauf insgesamt	**Häufigkeit (n)**	**Prozent**
sehr zufrieden	107	35,4 %
Zufrieden	131	43,4 %
eher unzufrieden	47	15,6 %
gar nicht zufrieden	15	5,0 %
kann ich nicht beurteilen	2	0,7 %
Gesamt	**302**	**100,0 %**

Das Erleben einer selbstbestimmten Geburt wird in dieser Studie anhand von drei Konstanten gemessen: 1. das Einbeziehen der Gebärenden in Entscheidungsprozesse, 2. die Aufklärung dieser unter der Geburt und 3. die Akzeptanz von deren Bedürfnissen und Wünschen.

Tabelle 7.9 Zufriedenheit mit den betreuenden ÄrztInnen. (Eigene Darstellung)

Zufriedenheit mit den betreuenden Ärzten	Häufigkeit (n)	Prozent
sehr zufrieden	114	37,7 %
Zufrieden	129	42,7 %
eher unzufrieden	27	8,9 %
gar nicht zufrieden	7	2,3 %
kann ich nicht beurteilen	25	8,3 %
Gesamt	**302**	**100,0 %**

Während 44 Frauen demnach kaum bis gar nicht in die betreffenden Entscheidungsprozesse einbezogen und aufgeklärt (n = 50) worden sind, gaben 145 Frauen an, dass ihre Wünsche und Bedürfnisse unter der Geburt akzeptiert wurden.

Insgesamt gaben 124 Frauen und somit 41,06 % an, eine selbstbestimmte, individuelle Geburt erlebt zu haben. Ein Anteil von 32 Frauen (10,60 %) konnte dies nicht beurteilen (Tabelle 7.10).

Tabelle 7.10 Häufigkeit selbstbestimmter Geburt. (Eigene Darstellung)

	ja		ziemlich		mittelmäßig		kaum		nein		kann ich nicht beurteilen		Gesamt	
	n	%	N	%	n	%	n	%	n	%	n	%	n	%
1. In Entscheidungsprozesse während der Geburt einbezogen	130	43,05 %	61	20,20 %	41	13,58 %	27	8,94 %	17	5,63 %	26	8,61 %	302	100 %
2. Ausreichende Information und Aufklärung	109	36,09 %	64	21,19 %	50	16,56 %	29	9,60 %	21	6,95 %	29	9,60 %	302	100 %
3. Akzeptanz ihrer Bedürfnisse und Wünsche	145	48,01 %	67	22,19 %	33	10,93 %	21	6,95 %	8	2,65 %	28	9,27 %	302	100 %
4. Selbstbestimmte und individuelle Geburt insgesamt	124	41,06 %	58	19,21 %	44	14,57 %	12	3,97 %	32	10,60 %	32	10,60 %	302	100 %

Auswertung der SIL-Ger_12 Geburtserleben

Wie in Abschnitt 6.2.2 dargestellt, bildet die Ausprägung des Summenwertes der SIL-Ger die Qualität des Geburtserlebens ab, wobei geringe Ausprägungen (<40) auf eine negative und höhere Ausprägung (>40) auf ein positives Geburtserleben hinweisen. Bei einem Cut-off-Wert von 40 ist von einem gleichermaßen positiven und negativen Geburtserleben auszugehen.

Der Summenwert lag bei den untersuchten Frauen mit einem arithmetischen Mittel (MW) von 24,44 im unteren Bereich und somit deutlich unter dem definierten Grenzwert. Somit hatten 26,8 % der Frauen ein negatives und 73,2 % ein positives Geburtserleben (Tabelle 7.11, Abbildung 7.3 und Abbildung 7.4)

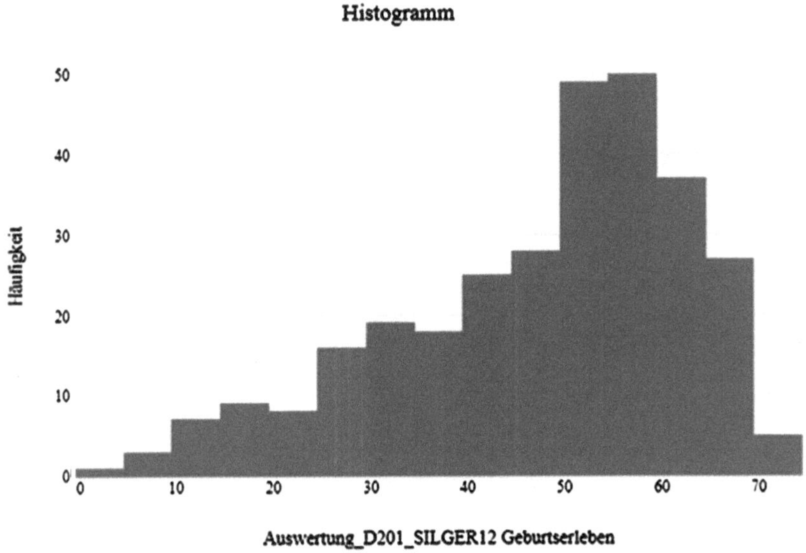

Abbildung 7.3 Häufigkeiten bezüglich des Geburtserlebens. (Eigene Darstellung)

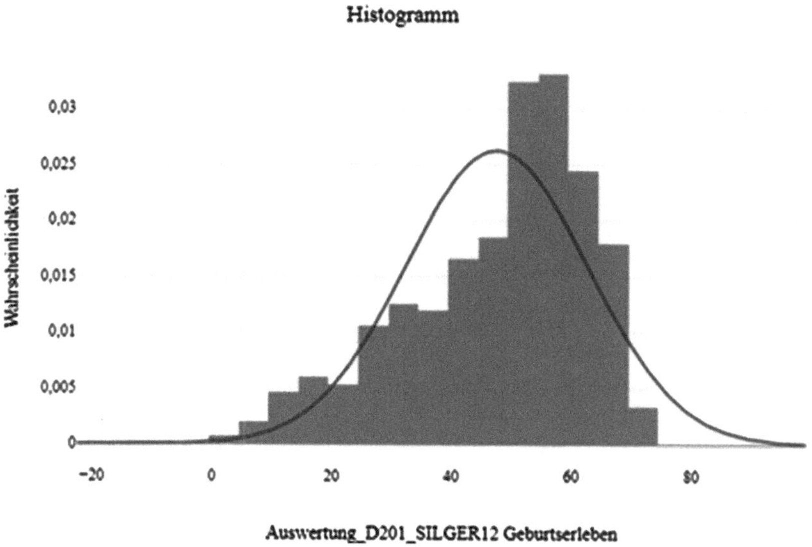

Abbildung 7.4 Wahrscheinlichkeiten und Normalverteilung zum Geburtserleben. (Eigene Darstellung)

Tabelle 7.11 Häufigkeit positives oder negatives Geburtserleben. (Eigene Darstellung)

Ergebnisauswertung Geburtserleben	Bewertungsskala	Häufigkeit	Prozent
Positives Geburtserleben	≥ 40 Punkte	221	73,2 %
Negatives Geburtserleben	< 40 Punkte	81	26,8 %
Gesamt		**302**	**100,0 %**

7.3 Auswertung der Gewalterfahrungen

Bei der Beantwortung der 2 Fragen zu Gewalterfahrungen unter der Geburt waren Mehrfachnennungen möglich. Sobald eine Person mindestens eine Form von Gewalt erfahren hatte, wurde dieses als erlebte Gewalterfahrung gewertet. Daraus ergibt sich, dass von 302 befragten Müttern 32,8 Prozent während der Geburt mindestens eine Form von Gewalt erlebten (Abbildung 7.5).

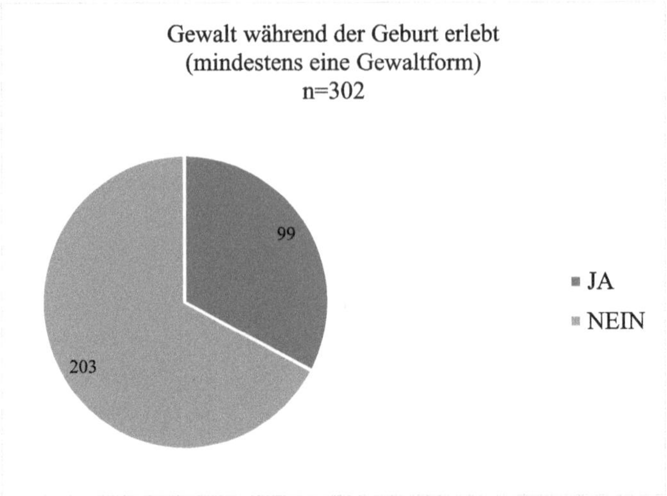

Abbildung 7.5 Erleben von Gewalterfahrung. (Eigene Darstellung)

Gewalt wurde hierbei in körperliche und psychische Gewalt (vgl. Abschnitt 6.2.2) unterteilt. Körperliche Gewalt haben unter der Geburt demnach 16,6 % der Frauen erlebt, psychische Gewalt 35,8 %. Die häufigste körperliche Übergriffigkeit waren das Drängen in eine bestimmte Geburtsposition (18 %) und zu grobe bzw. schmerzhafte vaginale Untersuchungen (17 %).

Zudem wurden 39,8 % der Frauen, ohne dass sie dies wollten, im Kreißsaal allein gelassen, 37 % nicht ernst genommen und 22,2 % unter Druck gesetzt. Wegen ihrer Denk-, Handlungs- und/oder Arbeitsweise unter der Geburt wurden 12 % der Frauen verbal abgewertet. Keine Frau hat es demnach erlebt, beschimpft zu werden (Tabelle 7.12 und Tabelle 7.13).

Der folgenden Tabelle 7.14 ist zu entnehmen, dass 60,61 % der gewaltbetroffenen Frauen unter der Geburt mehr als eine Form der Gewalt erlebten.

Tabelle 7.12 Häufigkeit einzelner Formen körperlicher Gewalt. (Eigene Darstellung)

Körperliche Gewalt, n = 50	**Häufigkeit (n)**	**Prozent**
Grobe/schmerzhafte vaginale Untersuchung	17	34,0 %
Festhalten/Bewegungseinschränkungen	7	14,0 %
Behandlungen ohne ausreichend Schmerzmittel	14	28,0 %
Drängen zu einer bestimmten Geburtsposition	18	36,0 %
Eingriffe ohne Einwilligung	14	28,0 %
Sonstiges (Original-Rechtschreibung): "Kristeller-Handgriff", „Fixierung der Beine", „Option Dammschnitt oder Saugglocke", „Tuch um Rücken gebunden und mit diesem auf Bauch gedrückt", „Ziehen/Ausdehnung Scheide", „Theoretisch Dammschnitt ohne fragen. In der Situation war es aber sinnvoll"	5	10,0 %

Tabelle 7.13 Häufigkeit einzelner Formen psychischer Gewalt. (Eigene Darstellung)

Psychische Gewalt, n = 108	**Häufigkeit (n)**	**Prozent**
Abwertung bezüglich des Aussehens	4	3,7 %
Abwertung bezüglich der Art des Kleidens	1	0,9 %
Abwertung bezüglich der Denk-, Handlungs- oder Arbeitsweisen	13	12,0 %
Abwertung aufgrund einer Behinderung	0	0,0 %
Abwertung aufgrund ethnischer Zugehörigkeit	0	0,0 %
Beleidigungen	1	0,9 %
Beschimpfungen	0	0,0 %
Bedrohungen	1	0,9 %
Schikanen	3	2,8 %
nicht ernst genommen	40	37,0 %
unter Druck gesetzt	24	22,2 %
allein gelassen	43	39,8 %
Eingriffe ohne Einverständnis	12	11,1 %
Missachtung der Privatsphäre	5	4,6 %
zur Behandlung überredet	24	22,2 %
Sonstiges (Original-Rechtschreibung): "Weil ich am Anfang geweint habe", „Indirekt mitgeteilt, das zu klein/dick für Geburtswanne", „Streng dich an. 20 Minuten sonst stirbt das Kind. Press gefälligst weiter", „Meiner Coronainfektion" (2x), „Meiner psychischen Verfassung", „In die schmerzen den wirklich so schlimm wären... Bin oben herab behandelt", „Eine Pda wurde mehrfach angeboten", „da ich Wehenstürme hatte, aber meinerseits abgelehnt", „Ich musste 3 Std auf die PDA warten"	9	8,3 %

Tabelle 7.14 Häufigkeit der jeweiligen Gewaltoptionen. (Eigene Darstellung)

Gewählte Optionen	**Anzahl bezüglich gewählter Option (n)**	**% von n = 99**
nur körperliche Gewalt (1 x)	9	9,09 %
nur körperliche Gewalt (2 x +)	3	3,03 %
nur psychische Gewalt (1 x)	30	30,30 %
nur psychische Gewalt (2 x +)	19	19,19 %
körperliche + psychische Gewalt	38	38,38 %
Total	**99**	**100,00 %**
Zusammenfassung		
Zahl der Gewaltarten = 1	39	39,39 %
Zahl der Gewaltarten ≥ 2	60	60,61 %

7.4 Auswertung zur postpartalen Befindlichkeit

Im Hinblick auf die postpartale Befindlichkeit wurden depressive Symptome (EPDS) und die einer posttraumatischen Belastungsstörung (IES_R) ermittelt.

7.4.1 EPDS

Die postpartale Befindlichkeit lag bei der Messung mit der Edinburgh Postnatal Depression Scale in der Studienpopulation bei einem Mittelwert von 8,66 (Standardabweichung 5,59) und einer Verteilungsbreite von 0 bis 27 Punkten, wobei eine höhere Punktzahl auf ein schlechteres postpartales Befinden hinweist. Bei der Skala, die einen Punktwert von 0 bis 30 Punkten annehmen kann, wurde als Cut-off-Wert 9,5 angesetzt, wobei die Punktwerte nicht mit Diagnosen gleichgesetzt werden dürfen. In der vorliegenden Studienpopulation zeigten 39,4 % der Frauen (n = 119) hohe Werte für eine depressive Verstimmung (Abbildung 7.6).

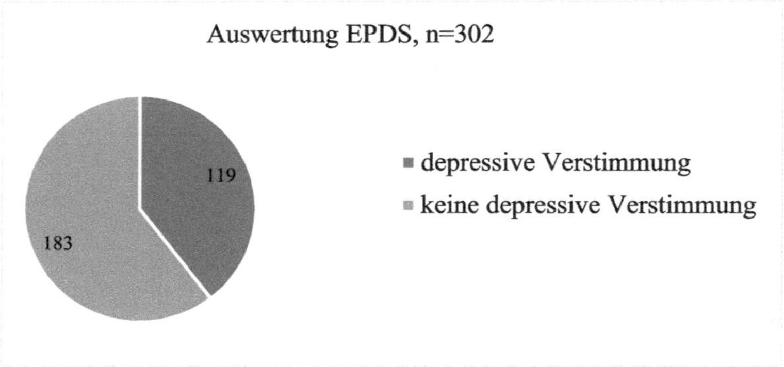

Abbildung 7.6 Häufigkeit depressiver Verstimmung nach EPDS. (Eigene Darstellung)

7.4.2 IES_R

Aus den drei Subskalenwerten Übererregung, Vermeidung und Intrusion kann eine PTBS-Diagnose mittels der nachfolgenden Formel wahrscheinlich getroffen werden:

„Diagnostischer Wert X = −0.02 * Intrusionen +0.07 * Vermeidung +0,15 * Übererregung – 4.36“. (Maercker & Schützwohl, 1998, S. 138)

Wenn der resultierende Wert > 0,0 beträgt, ist eine PTBS-Diagnose wahrscheinlich.

Bei einem errechneten Mittelwert von -3,40, einer Standardabweichung von 1,24 und einer Verteilungsbreite von −5 bis 2 liegt bei 2,3 % der Frauen (n = 7) ein Verdacht auf eine PTBS vor (Tabelle 7.15).

Tabelle 7.15 Häufigkeit bezüglich des IES_R. (Eigene Darstellung)

Auswertung PTBS	Bewertungsskala	Häufigkeit (n)	Prozent
Verdacht auf PTBS	> 0 Punkte	7	2,3 %
kein Verdacht auf PTBS	≤ 0 Punkte	295	97,7 %
Gesamt		**302**	**100,0 %**

7.5 Auswertung der Hypothesen

Im Folgenden werden die in Abschnitt 6.1 genannten 4 Hypothesen ausgewertet.

7.5.1 Frauen mit Gewalterfahrungen unter der Geburt leiden häufiger an depressiven und/oder PTBS-Symptomen als Frauen ohne entsprechende Erfahrung

Anhand der im Rahmen der vorliegenden Arbeit erhobenen Daten wird überprüft, inwieweit Gewalterfahrungen unter der Geburt im Zusammenhang mit postpartaler Depression (vgl. Abschnitt 5.1) und/oder posttraumatischer Belastungsstörung (vgl. Abschnitt 5.2) stehen.

Zur Erhebung dieser Daten wurden nominalskalierte diskrete Variablen mit dichotomen Antwortmöglichkeiten eingesetzt. Zur Aussage über einen Zusammenhang zwischen diesen Variablen wird ein X2-Test durchgeführt. Im vorliegenden Fall werden 2×2 Merkmale (Depression ja/nein, Gewalterfahrung ja/nein) sowie (PTBS ja/nein, Gewalterfahrung ja/nein) in einen Zusammenhang gesetzt. Ist die Signifikanz (p) des X^2-Tests jeweils kleiner als .05, wird die Hypothese beibehalten.

Zunächst werden die Daten zu Gewalt und postpartaler Depression sowie anschließend die zu Gewalt und PTBS dargestellt.

Die Grundlage zur Berechnung bildet die folgende Kreuztabelle (Tabelle 7.16).

Tabelle 7.16 Kreuztabelle Gewalterfahrung / depressive Verstimmung und PTBS. (Eigene Darstellung)

			depressive Verstimmung	keine depressive Verstimmung	EDPS Gesamt	Verdacht auf PTBS	kein Verdacht auf PTBS	PTBS Gesamt
Gewalt erlebt?	JA	**Häufigkeit (n)**	**50**	**49**	**99**	**5**	**94**	**99**
		Zeile %	50,5 %	49,5 %	100,0 %	5,1 %	94,9 %	100,0 %
		Spalte %	42,0 %	26,8 %		71,4 %	31,9 %	
		Gesamt %	16,6 %	16,2 %	32,8 %	1,7 %	31,1 %	32,8 %
	NEIN	**Häufigkeit (n)**	**69**	**134**	**203**	**2**	**201**	**203**
		Zeile %	34,0 %	66,0 %	100,0 %	1,0 %	99,0 %	100,0 %
		Spalte %	58,0 %	73,2 %		28,6 %	68,1 %	
		Gesamt %	22,8 %	44,4 %	67,2 %	0,7 %	66,6 %	67,2 %
Gesamt		**Häufigkeit (n)**	**119**	**183**	**302**	**7**	**295**	**302**
		Zeile %	39,4 %	60,6 %		2,3 %	97,7 %	100,0 %
		Spalte %	100,0 %	100,0 %		100,0 %	100,0 %	

Von den 99 Frauen, die Gewalt erlebt haben, zeigen 50 Frauen Symptome einer Depression. Dies macht einen Prozentsatz von 50,5 % aus. Mit einem Prozentsatz von 34,0 % weisen auch Frauen ohne entsprechende Gewalterfahrungen eine depressive Symptomatik auf. Die Wahrscheinlichkeit, eine postpartale Depression zu entwickeln, steigt um 15,5 Prozentpunkte, wenn unter der Geburt Gewalterfahrungen gemacht wurden.

Die Berechnung von X^2 zeigt einen errechneten Wert von $X^2 = 7{,}60$. Bei einem Signifikanzniveau von 5 % ist dieser Wert größer als X^2 krit. $= 3{,}84$ und somit signifikant ($df = 1$, $p = .006$). Der Phi-Koeffizient (Messung der Effektstärke), welcher Werte zwischen 0 und 1 annehmen kann, liegt bei 0,16. Somit kann ein signifikanter Zusammenhang mit einem sehr geringen Effektstärkemaß zwischen Gewalterfahrungen unter der Geburt und postpartalen Depression festgehalten werden.

Auch wenn die Anwendung parametrischer Tests ausreichend wäre, wurde zusätzlich zum X^2-Test ein gerichteter Mann-Whitney-U-Test durchgeführt. Dies ist möglich, da die Variablen ordinalskaliert sind.

Das Ergebnis ($U = 8.136$, $Z = -2{,}69$ $p = .004$) unterstützt den vorangegangenen Test und zeigt einen signifikanten statistischen Zusammenhang zwischen Gewalterleben und Depressionen.

- Gewalterleben und PTBS

Von den 99 Frauen, die unter der Geburt Gewalt erlebt haben, haben fünf Mütter (5,1 %) Anzeichen einer PTBS. Bei den 203 Frauen ohne entsprechende Gewalterfahrung zeigen zwei Mütter (1 %) diesbezüglich Auffälligkeiten.

Da eine Zellhäufigkeit weniger als fünf beträgt, besteht die Voraussetzung für einen Chi-Quadrat-Test nicht. Ein Mann-Whitney-U-Test wurde stattdessen durchgeführt, um zu überprüfen, ob das Gewalterleben höhere PTBS-Werte ergibt als bei Frauen ohne Gewalterfahrung unter der Geburt.

Die Auswertung ergibt, dass es einen signifikanten Unterschied zwischen Gewalterleben (ja/nein) und PTBS (ja/nein) gibt: $U = 4.961$, $Z = -7{,}15$, $p < 0{,}05$

Die Berechnung von X^2 zeigt einen errechneten Wert von $X^2 = 4{,}86$. Bei einem Signifikanzniveau von 5 % ist dieser Wert größer als X^2 krit. $= 3{,}84$ ($df = 1$, $p = .028 < .05$). Der Phi-Koeffizient liegt bei 0,13. Somit kann ein signifikanter Zusammenhang mit kleiner Effektstärke zwischen Gewalterfahrung unter der Geburt und PTBS-Symptomen festgehalten werden. Zudem ist die Wahrscheinlichkeit, postpartal an einer PTBS zu erkranken, um 4,1 Prozentpunkte erhöht (Abbildung 7.7).

Zusammenfassend lässt sich anhand der Auswertung festhalten, dass Frauen mit Gewalterfahrungen unter der Geburt statistisch häufiger an depressiven und/oder PTBS-Symptomen leiden. Die Hypothese H0 wird somit verworfen und H1 angenommen.

- Weiterführende Auswertung

1. Psychotherapie und postpartale Befindlichkeit

Des Weiteren haben 50,70 % der Frauen mit vorausgegangener Psychotherapie postpartale Depressionen entwickelt (Tabelle 7.17).

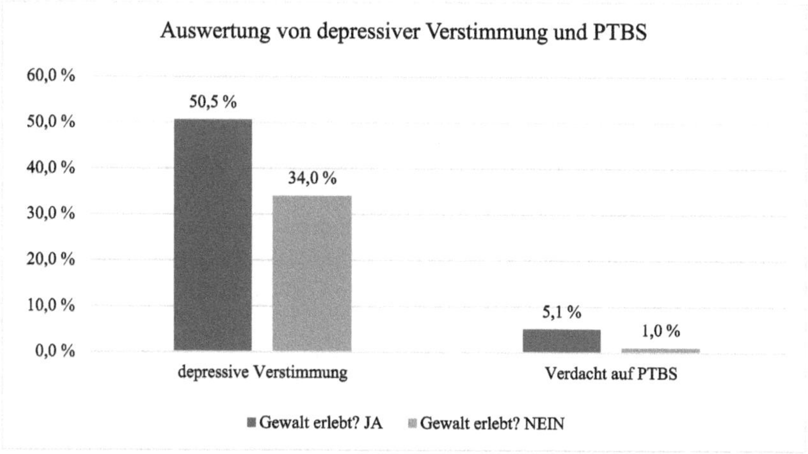

Abbildung 7.7 Häufigkeit von Gewalterleben mit Depression/PTBS. (Eigene Darstellung)

Tabelle 7.17 Kreuztabelle Psychotherapie -- Auswertung depressiver Verstimmung. (Eigene Darstellung)

		Auswertung Ergebnis EPDS Depression								Total	
		keine depressive Verstimmung				depressive Verstimmung					
		n	% von n = 302	% von Psycho-therapie	% von Auswertung EPDS Depression	n	% von n = 302	% von Psycho-therapie	% von Auswertung EPDS Depression	n	% von n = 302
Psychotherapie	Ja	35	11,59 %	19,13 %	49,30 %	36	11,92 %	30,25 %	50,70 %	71	23,51 %
	Nein	148	49,01 %	80,87 %	64,07 %	83	27,48 %	69,75 %	35,93 %	231	76,49 %
Total		183	60,60 %	100,00 %		119	39,40 %	100,00 %		302	100,00 %

Es wurde ein Chi-Quadrat-Test durchgeführt, um zu untersuchen, ob es einen Zusammenhang zwischen Psychotherapie und postpartaler Depression gibt. Das Ergebnis war bei kleiner Effektstärke (Cramers V = 0,13) statistisch signifikant ($X^2 = 4{,}96$, df = 1, p = .026). Auch ein gerichteter Mann-Whitney-U-Test zeigt, dass Frauen mit vorausgegangener Psychotherapie (Mdn = 10) statistisch signifikant höhere Werte bei der Auswertung bezüglich der postpartalen Depression hatten als Frauen ohne (Mdn = 7): U = 6.036, Z = −3,37, p = .001. Die Effektstärke ist gering: r = 0,19.

2. Auswertung Geburtserleben und Depression/PTBS

Die Studie hat zudem mithilfe eines Chi-Quadrat-Tests ergeben, dass nicht nur Gewalt, sondern auch das Geburtserleben insgesamt Einfluss auf die Entwicklung einer postpartalen Depression hat. Die Berechnung zeigt einen Wert von X^2 = 34,46. Bei einem Signifikanzniveau von 5 % ist dieser Wert größer als X^2 krit. = 3,84 und somit signifikant (df = 1, p = .001). Mit Cramers V von 0,34 liegt die Effektstärke im mittleren Bereich.

Außerdem ist der Tabelle 7.19 zu entnehmen, dass von den 81 Frauen mit einem negativen Geburtserleben fünf Frauen (6,17 % von n = 81) einen Verdacht auf PTBS zeigen – im Vergleich zu den 221 Frauen mit einem positiven Geburtserleben, bei denen hiervon zwei Frauen (0,90 % von n = 221) betroffen sind. Da eine Zellhäufigkeit weniger Werte als fünf aufweist, wurde ein gerichteter Mann-Whitney-U-Test durchgeführt, um diesbezüglich einen Zusammenhang zu prüfen. Frauen mit einem positiven Geburtserleben hatten niedrigere Werte (Mdn = −4,12) bei der Auswertung der SIL-Ger_12 als Frauen mit einem negativen Geburtserleben (Mdn = −2,9). Es besteht ein statistisch signifikanter Zusammenhang zwischen dem Geburtserleben und PTBS (U = 3.550.50, z = −8,04, p = .001) bei mittlerer Effektstärke (r = 0,46). Die Nullhypothese (H0) wird verworfen und H1 angenommen (Tabelle 7.18 und Tabelle 7.19).

Tabelle 7.18 Kreuztabelle Geburtserleben – Depression. (Eigene Darstellung)

		Auswertung Ergebnis E1 Depression								Total	
		keine depressive Verstimmung				depressive Verstimmung					
		n	% von n = 302	% von Auswertung EPDS Depression	% von Auswertung Geburtserleben	n	% von n = 302	% von Auswertung EPDS Depression	% von Auswertung Geburtserleben	n	% von n = 302
Auswertung Geburtserleben	positives Geburtserleben	156	51,66 %	85,25 %	70,59 %	65	21,52 %	54,62 %	29,41 %	221	73,18 %
	negatives Geburtserleben	27	8,94 %	14,75 %	33,33 %	54	17,88 %	45,38 %	66,67 %	81	26,82 %
Total		183	60,60 %	100,00 %		119	39,40 %	100,00 %		302	100,00 %

Tabelle 7.19 Kreuztabelle Geburtserleben – PTBS. (Eigene Darstellung)

		Auswertung IES_R PTBS									
		Verdachtsdiagnose auf PTBS				kein Verdacht auf PTBS				Total	
		n	% von n = 302	% von Auswertung IES_R PTBS	% von Auswertung Geburts-erleben	n	% von n = 302	% von Auswer-tung IES_R PTBS	% von Auswertung Geburts-erleben	n	% von n = 302
Auswertung Geburtserleben	positives Geburts-erleben	2	0,66 %	28,57 %	0,90 %	219	72,52 %	74,24 %	99,10 %	221	73,18 %
	negatives Geburts-erleben	5	1,66 %	71,43 %	6,17 %	76	25,17 %	25,76 %	93,83 %	81	26,82 %
Total		7	2,32 %	100,00 %		295	97,68 %	100,00 %		302	100,00 %

7.5.2 Gewalterfahrungen unter der Geburt stehen in einem positiven Zusammenhang zu einem negativen Geburtserleben

Das Vorliegen eines positiven oder negativen Geburtserlebens wurde mit dem psychologischen Testverfahren SIL-Ger_12 in Abschnitt 7.2 dargestellt. Demnach hatten von 302 insgesamt befragten Frauen 81 ein negatives und 221 ein positives Geburtserleben.

Von den 99 Frauen, die unter der Geburt Gewalt erlebten, wurde bei 53 ein negatives Geburtserleben konstatiert. Von den Frauen, die unter der Geburt keine Gewalt erlebten, hatten 28 ein negatives Geburtserleben.

Die Ergebnisse sind in der Tabelle 7.20 dargestellt.

Tabelle 7.20 Kreuztabelle Gewalterleben – Geburtserfahrung. (Eigene Darstellung)

			negatives Geburtserleben	positives Geburtserleben	Gesamt
Gewalt erlebt?	Ja	**Häufigkeit (n)**	**53**	**46**	**99**
		Zeile %	53,5 %	46,5 %	100,0 %
		Spalte %	65,4 %	20,8 %	
		Gesamt %	17,5 %	15,2 %	32,8 %
	Nein	**Häufigkeit (n)**	**28**	**175**	**203**
		Zeile %	13,8 %	86,2 %	100,0 %
		Spalte %	34,6 %	79,2 %	
		Gesamt %	9,3 %	57,9 %	67,2 %
Gesamt		**Häufigkeit (n)**	**81**	**221**	**302**
		Zeile %	26,8 %	73,2 %	100,0 %
		Spalte %	100,0 %	100,0 %	

Um eine Aussage über den Zusammenhang zwischen Gewalterfahrungen und dem Geburtserleben treffen zu können, wird mithilfe des X^2-Tests die Unabhängigkeit dieser Variablen geprüft. Der errechnete Wert $X^2 = 53{,}55$ fällt größer aus als der kritische Wert von X^2 krit. $= 5{,}99$, (df = 2, p = .001). Die Variablen sind stochastisch voneinander abhängig und es besteht ein statistisch signifikanter Zusammenhang zwischen Gewalterfahrungen und negativem Geburtserleben. Die Effektstärke liegt bei Cramers V = .42 und $K^p = .55$, d. h. im mittleren bis hohen Bereich.

Um die Richtung des Zusammenhangs feststellen zu können, wurde mittels des U-Tests eine einseitig gerichtete nicht parametrische Analyse des Gewalterlebens (Md = 55) und Geburtserlebens (md = 38) durchgeführt: U = 4.670,50, P = 0,001, r = 0,43 und Z = −7,55 bestätigen die statistische Signifikanz und einen positiven Zusammenhang zwischen dem Gewalterleben und einem negativen Geburtserleben. Die Nullhypothese (H0) wird verworfen und H1 angenommen (Abbildung 7.8).

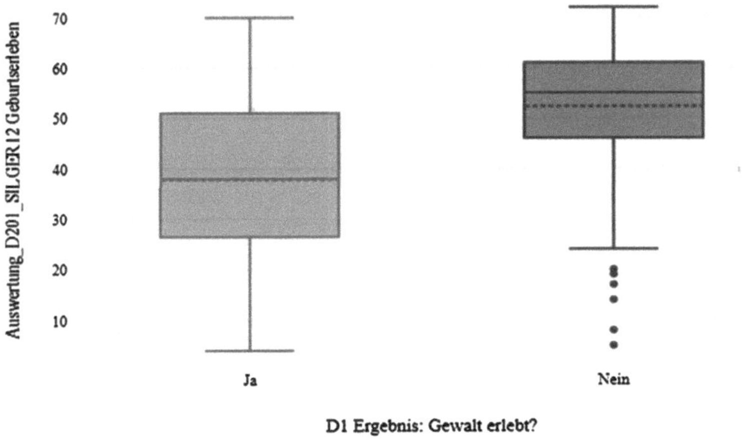

Abbildung 7.8 Boxplot Gewalterfahrung – Geburtserleben. (Eigene Darstellung)

7.5.3 Die Zufriedenheit mit der Hebammenbetreuung steht in einem positiven Zusammenhang zum Geburtserleben

Zunächst wurde eine Spearman-Rangkorrelation durchgeführt, um zu testen, ob es einen Zusammenhang zwischen der Hebammenqualität und der Zufriedenheit der Frauen mit der Hebammenbetreuung (insgesamt) unter der Geburt gibt. Das Ergebnis der Spearman-Rangkorrelation zeigt, dass es einen signifikanten Zusammenhang zwischen der Hebammenqualität und der Zufriedenheit mit der Hebammenbetreuung gab ($r = 0{,}68$, $p = .001$). Ein hoher Anteil (70,09 %) der befragten Frauen, die mit der Hebammenbetreuung insgesamt sehr zufrieden waren ($n = 150$), hat signifikant die Fragen für die Ermittlung der Hebammenqualität mit einer hohen Punktzahl bewertet.

Zwischen den Variablen „B101 Bewertung Hebammenqualität" und „B103_01 betreuende Hebamme Teil 3: 1. der Hebammenbetreuung unter der Geburt insgesamt?" liegt mit $r = 0{,}68$ eine hohe positive Korrelation vor. Somit besteht in dieser Stichprobe ein hoher statistisch signifikanter Zusammenhang zwischen Hebammenqualität und Hebammenbetreuung (Tabelle 7.21).

Tabelle 7.21 Kreuztabelle Hebammenqualität – Hebammenbetreuung. (Eigene Darstellung)

		B101 Bewertung Hebammenqualität						Total	
		eher hohe Qualität		mittelmäßige Qualität		eher geringe Qualität			
		n	%	n	%	n	%	n	%
Bewertung Hebammenbetreuung unter der Geburt insgesamt?	sehr zufrieden	150	49,67 %	4	1,32 %	0	0 %	154	50,99 %
	zufrieden	56	18,54 %	41	13,58 %	3	0,99 %	100	33,11 %
	eher unzufrieden	5	1,66 %	12	3,97 %	14	4,64 %	31	10,26 %
	gar nicht zufrieden	1	0,33 %	0	0 %	10	3,31 %	11	3,64 %
	kann ich nicht beurteilen	2	0,66 %	1	0,33 %	3	0,99 %	6	1,99 %
Total		214	70,86 %	58	19,21 %	30	9,93 %	302	100,00 %

Anhand der Kreuztabellen (Tabelle 7.22 und Tabelle 7.23) ist zu erkennen, dass 221 Frauen mit einem positiven Geburtserleben (82,81 %) die Hebammenqualität als sehr hochwertig beurteilt haben. Von 81 Frauen mit einem negativen Geburtserleben bewerteten 38,27 % die Hebammenqualität als hoch und 61,77 % als mittelmäßig bis gering.

Tabelle 7.22 Kreuztabelle Geburtserleben – Hebammenqualität. (Eigene Darstellung)

		Auswertung Geburtserleben								Total	
		positives Geburtserleben				negatives Geburtserleben					
		n	% von n=302	% von Hebammen -qualität	% von Geburts- erleben	n	% von n=302	% von Hebammen -qualität	% von Geburts- erleben	n	%
Hebammen- qualität	eher hohe Qualität	183	60,60%	82,81%	85,51%	31	10,26%	38,27%	14,49%	214	70,86%
	mittelmäßige Qualität	31	10,26%	14,03%	53,45%	27	8,94%	33,33%	46,55%	58	19,21%
	eher geringe Qualität	7	2,32%	3,17%	23,33%	23	7,62%	28,40%	76,67%	30	9,93%
Total		221	73,18%	100%		81	26,82%	100%		302	100%

Tabelle 7.23 Kreuztabelle Geburtserleben – Hebammenbetreuung. (Eigene Darstellung)

		Auswertung Geburtserleben								Total	
		positives Geburtserleben				negatives Geburtserleben					
		n	% von n=302	% von Geburts- erleben	% von Hebammen -betreuung	n	% von n=302	% von Geburts- erleben	% von Hebamm en- betreuun g	n	%
Hebammenbetreuung unter der Geburt insgesamt?	sehr zufrieden	140	46,36%	63,35%	90,91%	14	4,64%	17,28%	9,09%	154	50,99%
	zufrieden	66	21,85%	29,86%	66%	34	11,26%	41,98%	34%	100	33,11%
	eher unzufrieden	11	3,64%	4,98%	35,48%	20	6,62%	24,69%	64,52%	31	10,26%
	gar nicht zufrieden	1	0,33%	0,45%	9,09%	10	3,31%	12,35%	90,91%	11	3,64%
	kann ich nicht beurteilen	3	0,99%	1,36%	50%	3	0,99%	3,70%	50%	6	1,99%
Total		221	73,18%	100%		81	26,82%	100%		302	100%

Bezüglich der Hebammenbetreuung ist eine vergleichbare Unterscheidung zu erkennen: Hier waren 140 von 221 Frauen mit einem positiven Geburtserleben mit der Hebammenbetreuung insgesamt sehr zufrieden (63,35 %) und 14 von 81 Frauen mit einem negativen Geburtserleben mit der Betreuung sehr zufrieden (17,28 %). Frauen mit einem positiven Geburtserleben (N = 221) waren insgesamt zufriedener mit der Hebammenbetreuung (63,35 %).

Demnach kann die Zufriedenheit mit der Hebammenbetreuung einerseits durch die Hebammenqualität und andererseits durch die Variable „Wie zufrieden waren Sie mit der Hebammenbetreuung insgesamt“ dargestellt werden. Um zu untersuchen, ob es einen Zusammenhang zum Geburtserleben gibt, wurde zunächst ein Chi-Quadrat-Test zwischen dem Geburtserleben (nominal) und der Bewertung der Hebammenqualität (ordinal) gemacht. $X^2 = 66{,}07$ fällt größer aus als X^2 krit. = 5,99, df = 2, p = .001). Cramers V beträgt 0,47. Die beiden Variablen „Geburtserleben“ und „Bewertung der Hebammenqualität“ sind somit stochastisch voneinander abhängig und diesbezüglich besteht ein statistisch signifikanter Zusammenhang, der eine mittlere Effektstärke aufweist. Zudem wurde mit einem gerichteten Mann-Whitney-U-Test untersucht, ob Frauen mit einem positiven Geburtserleben niedrigere Werte bei der Qualität der Hebammenbetreuung (Mdn = 1,33) aufwiesen als Frauen mit einem negativen Geburtserleben (Mdn = 2,33).

Es gab diesbezüglich einen signifikanten Unterschied mit mittlerer Effektstärke: U = 4.126,50, Z = −7,23, p = .001, r = 0,42. Das bedeutet, dass, je besser die Hebammenqualität ist, desto positiver das Geburtserleben ist.

In gleicher Weise wurden die Stichprobengruppen positives Geburtserleben / negatives Geburtserleben hinsichtlich ihrer Zufriedenheit mit der Hebammenbetreuung insgesamt ausgewertet. Frauen mit einem positiven Geburtserleben sind insgesamt zufriedener mit der Hebammenbetreuung (Mdn = 1) als Frauen mit einem negativen Geburtserleben (Mdn = 2): U = 3.975,50, z = −8,12, p = .001, r = 0,47. Die Zufriedenheit mit der Hebammenbetreuung steht statistisch signifikant – mit einer mittleren Effektstärke – in einem positiven Zusammenhang zum Geburtserleben. Anhand dieser Auswertung wird die Nullhypothese (H0) verworfen und H1 angenommen.

- <u>(Weiterführende) Auswertung zu Hebammenqualität und Gewalt</u>

Zudem hat die Studie ergeben, dass von den Frauen, die die Hebammenqualität als positiv bewertet haben (n = 214), 20,09 % (n = 43) unter der Geburt Gewalt erlebt haben und 79,91 % keine Gewalt erlebt haben (n = 171). Im Umkehrschluss stellt sich heraus, dass von den 30 Frauen, die die Hebammenqualität als gering eingeschätzt haben, fünf Frauen unter der Geburt keine Gewalt erlebten (16,67 %), während 25 Frauen mindestens eine Form von Gewalt (vgl. Abschnitt 7.3) erlebten (83,33 %) (Tabelle 7.24).

Tabelle 7.24 Kreuztabelle Hebammenqualität – Gewalterleben. (Eigene Darstellung)

		D1 Ergebnis: Gewalt erlebt?									
		Ja				Nein				Total	
		n	% von n = 302	% von Gewalt erlebt?	% Hebammen-qualität	n	% von n = 302	% von Gewalt erlebt?	% Hebammen-qualität	n	% von n = 302
Bewertung Hebammenqualität	eher hohe Qualität	43	14,24 %	43,43 %	20,09 %	171	56,62 %	84,24 %	79,91 %	214	70,86 %
	mittelmäßige Qualität	31	10,26 %	31,31 %	53,45 %	27	8,94 %	13,30 %	46,55 %	58	19,21 %
	eher geringe Qualität	25	8,28 %	25,25 %	83,33 %	5	1,66 %	2,46 %	16,67 %	30	9,93 %
Total		99	32,78 %	100,00 %		203	67,22 %	100,00 %		302	100,00 %

Ein gerichteter Mann-Whitney-U-Test zeigte einen signifikanten Unterschied in Bezug auf die Bewertung der Hebammenqualität zwischen Frauen, die unter der Geburt Gewalt erlebten (Mdn = 2) und Frauen, die unter der Geburt keine Gewalt erlebten (Mdn = 1): U = 5.688,5, P = .001, r = 0,44. Die Nullhypothese (H0), die besagt, dass Frauen, die unter der Geburt keine Gewalt erlebten, geringere Werte bei der Bewertung der Hebammenqualität zeigten als Frauen mit Gewalterfahrungen, wird abgelehnt und H1 angenommen (Abbildung 7.9).

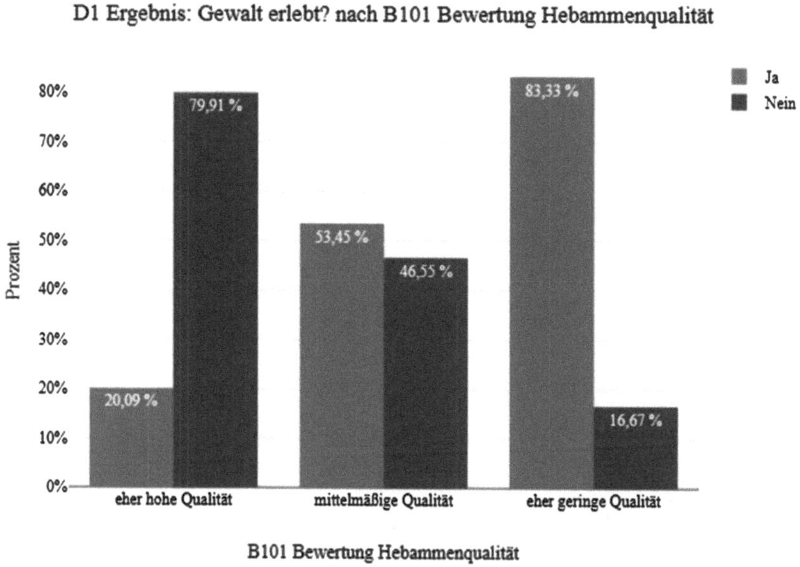

Abbildung 7.9 Diagramm Hebammenqualität – Gewalterleben. (Eigene Darstellung)

7.5.4 Frauen mit einer selbstbestimmten Geburt erleben weniger Gewalt als Frauen, die ihre Geburt als nicht selbstbestimmt empfunden haben

Um eine Aussage zu dieser in Abschnitt 6.1 aufgestellten Hypothese treffen zu können, wurde zunächst eine Kreuztabelle mit dem Gewalterleben (ja/nein) und der Likert-Skala zur selbstbestimmten Geburt (ja / ziemlich / mittelmäßig / kaum / nein / kann ich nicht beurteilen) erstellt.

Dieser Tabelle ist zu entnehmen, dass 52,71 % der Frauen ohne Gewalterfahrungen eine selbstbestimmte Geburt hatten und 5,42 % keine. Von den Frauen, die unter der Geburt Gewalt erlebten ($n = 99$), haben 17,17 % eine selbstbestimmte und 21,21 % keine selbstbestimmte Geburt erfahren.

Dem gerichteten U-Test ($U = 6.569{,}50$, $z = -5{,}1$, $p = .001$) ist zu entnehmen, dass Frauen, die eine selbstbestimmte Geburt haben, weniger Gewalterfahrungen unter der Geburt machen ($Mdn = 3$) als Frauen, die keine selbstbestimmte Geburt erleben ($Mdn = 1$). Die Effektstärke liegt im niedrigen Bereich, mit einer Tendenz zur mittleren Effektstärke ($r = 0{,}29$). Gewalt unter der Geburt hat demnach

Einfluss auf die Bewertung der Geburt als selbstbestimmt und individuell. Die Nullhypothese (H0) wird verworfen und H1 angenommen (Abbildung 7.10).

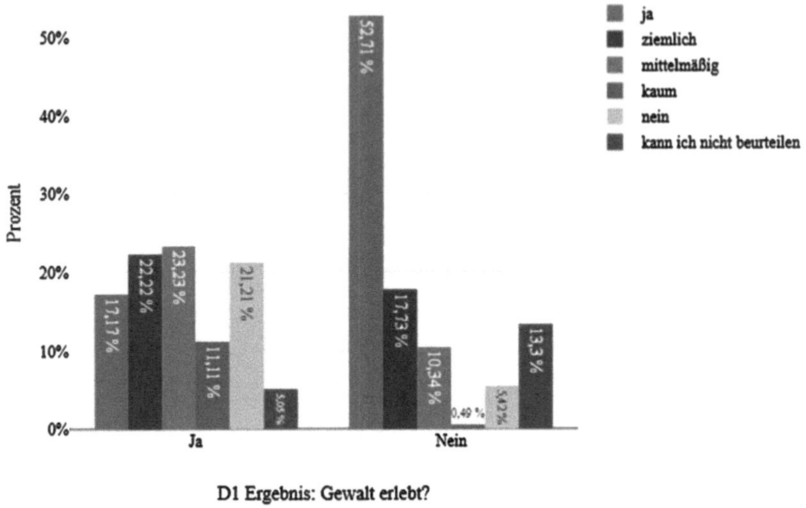

Abbildung 7.10 Diagramm selbstbestimmte Geburt – Gewalterleben. (Eigene Darstellung)

- Weiterführende Auswertung: Selbstbestimmte Geburt und Geburtserleben

Wie der Tabelle 7.25 zu entnehmen ist, hat eine selbstbestimmte Geburt positiven Einfluss auf das Geburtserleben. Von 124 Frauen, die nach der Selbstbeurteilung eindeutig eine selbstbestimmte Geburt hatten, weisen 120 Frauen nach der Auswertung der SIL-Ger_12 ein positives Geburtserleben auf. Von 32 Frauen, die eine selbstbestimmte Geburt verneinten, wiesen 26 Frauen ein negatives Geburtserleben auf.

Tabelle 7.25 Kreuztabelle selbstbestimmte Geburt – Geburtserleben. (Eigene Darstellung)

		Auswertung SIL-Ger_12 Geburtserleben								Total	
		positives Geburtserleben				negatives Geburtserleben					
		n	% von n = 302	% von Geburts-erleben	% von selbst-bestimmte Geburt	n	% von n = 302	% von Geburts-erleben	% von selbst-bestimmte Geburt	n	%
selbstbestimmte Geburt	ja	120	39,74 %	54,30 %	96,77 %	4	1,32 %	4,94 %	3,23 %	124	41,06 %
	ziemlich	40	13,25 %	18,10 %	68,97 %	18	5,96 %	22,22 %	31,03 %	58	19,21 %
	mittelmäßig	25	8,28 %	11,31 %	56,82 %	19	6,29 %	23,46 %	43,18 %	44	14,57 %
	kaum	6	1,99 %	2,71 %	50,00 %	6	1,99 %	7,41 %	50,00 %	12	3,97 %
	nein	6	1,99 %	2,71 %	18,75 %	26	8,61 %	32,10 %	81,25 %	32	10,60 %
	kann ich nicht beurteilen	24	7,95 %	10,86 %	75,00 %	8	2,65 %	9,88 %	25,00 %	32	10,60 %
Total		221	73,18 %	100,00 %		81	26,82 %	100,00 %		302	100,00 %

Diskussion 8

In der vorliegenden Arbeit wird deutlich, wie sich das Gewalterleben von Frauen unter der Geburt darstellt. Angesichts der Tatsache, dass die Postpartalzeit für Frauen ein erhöhtes Risiko birgt, wegen einer psychischen Erkrankung wie Depression behandelt werden zu müssen (vgl. Reulbach et al. 2009, 709), und die Geburt eines Kindes die Rolle eines relevanten Lebensereignisses („life event") einnimmt (vgl. Kessler 2021a), sollte aufgrund der in der vorliegenden Arbeit beschriebenen Zusammenhänge dem Gewalterleben unter der Geburt vonseiten der Politik verstärkt Aufmerksamkeit gewidmet werden, insbesondere vor dem Hintergrund, dass eine postpartale Depression oder PTBS nach der Geburt eines Kindes mit verschiedenen Risiken (z. B. Beziehungsprobleme zum Neugeborenen) verbunden ist.

In der vorliegenden Studie wurde eine Häufigkeit von 32,78 % ($n = 99$) von Frauen mit Gewalterfahrungen unter der Geburt gefunden. Von diesen Frauen weisen 50,5 % einen Verdacht auf eine postpartale Depression im engeren Sinne (EPDS $\geq 9{,}5$) und 5,1 % einen Verdacht auf PTBS auf. Diese Ergebnisse sind gut mit den in der Literatur beschriebenen Häufigkeiten vereinbar (vgl. Bohren et al. 2019). Dabei ist auch zu berücksichtigen, dass die Anwendung der EPDS/IES_R lediglich ein Screening auf postpartale Depressivität / PTBS darstellt und nicht die Diagnosestellung erlaubt, wie diese in der Internationalen Klassifikation psychischer Störungen (ICD-10) definiert ist.

In dieser Studie wurden vorwiegend die psychische und körperliche Gewalt im Zusammenhang mit der postpartalen Befindlichkeit von Frauen diskutiert. Dabei ist zu erkennen, dass eine Vielzahl von Frauen unter der Geburt häufiger psychische als körperliche Gewalt erfährt. 60 % erlebten zugleich mehr als eine Form der Gewalt. Sie werden von der Hebamme z. B. nicht ernst genommen, allein gelassen und/oder unter Druck gesetzt. Eine Mutter äußert sich hierzu

L. Fabian, *Gewalt in der klinischen Geburtshilfe*, BestMasters,
https://doi.org/10.1007/978-3-658-43286-7_8

wie folgt; die Hebamme habe von ihr Folgendes verlangt: „Streng dich an. 20 Minuten, sonst stirbt das Kind. Press gefälligst weiter" (vgl. Abschnitt 7.3), einer anderen Frau widerfährt eine Beleidigung, indem ihr von der Hebamme gesagt wird, sie sei zu dick bzw. zu klein für die Geburtswanne (vgl. Abschnitt 7.3). Gewaltbetroffene Frauen unter der Geburt wurden unter Anderem in bestimmte Geburtspositionen gedrängt und erfahren schmerzhafte Untersuchungen. Diese Ergebnisse decken sich mit den in der Literatur beschriebenen Formen von Gewalt (vgl. Grieschat 2019a; Stern TV-Redaktion 2019; Bohren 2015). Eine frühzeitige Identifikation von Risikofaktoren für die Gewalt bei der Geburtshilfe und die Entwicklung postpartaler psychischer Störungen bei Frauen scheint umso wichtiger, wenn man sich die damit einhergehenden Risiken für die Familie vergegenwärtigt. Einen wichtigen Einflussfaktor für Gewalterfahrungen unter der Geburt könnte die Selbstbestimmung darstellen. Diese Studie ergab, dass 52,71 % Frauen ohne Gewalterfahrungen unter der Geburt eine selbstbestimmte Geburt hatten und 5,42 % keine. Von den Frauen, die bei der Geburtshilfe Gewalt erlebten (n = 99) haben 17,17 % eine selbstbestimmte und individuelle Geburt erfahren und 21,21 % keine. Zudem kam die Studie zu dem Ergebnis, dass 83,38 % der Frauen mit Gewalterfahrung unter der Geburt die Qualität der Hebammenbetreuung (gemessen in Abschnitt 7.2) als gering einschätzten. Die Parameter, wie die emotionale Begleitung, die Begleitung bei der Schmerzverarbeitung, Bestärkung, Zeit sowie eine umfassende Aufklärung bezüglich der Interventionen durch die Hebamme, wurden von den gewaltbetroffenen Frauen auffällig oft im mittleren Bereich bis als gar nicht vorhanden gewesen angekreuzt. Auch die Hebammenbetreuung ist somit ein Einflussfaktor und hat Auswirkungen auf die Erfahrungen unter der Geburt. Diese Ergebnisse passen zu den in der Literatur angegebenen Gründen bzw. Ursachen von Gewalt durch geburtshilfliches Personal (vgl. Abschnitt 3.2).

Der Zusammenhang zwischen Gewalt und postpartaler Depression / PTBS wurde mit einem geringen Effektstärkemaß gemessen, sodass es auch andere bzw. weitere Einflussfaktoren auf die Entstehung von Befindlichkeitsstörungen gibt. Frauen zeigten auch Anzeichen einer postpartalen Depression (n = 69) und von PTBS (n = 2), ohne unter der Geburt Gewalt erlebt zu haben. Die Auswertung des Geburtserlebens im Zusammenhang mit postpartaler Depression / PTBS liefert diesbezüglich Hinweise: Die Auswertung ergab, dass von den insgesamt 119 Frauen mit depressiver Verstimmung 54 ein negatives und 65 ein positives Geburtserleben hatten. Von den Frauen, die keine depressive Verstimmung hatten, waren es 27, die ein negatives und 156, die ein positives Geburtserleben aufwiesen. Bei Frauen mit einer PTBS-Diagnose waren es zwei Frauen mit einem positiven und fünf mit einem negativen Geburtserleben.

Demzufolge kann das Geburtserleben einen weiteren Risikofaktor im Zusammenhang mit der postpartalen Befindlichkeit, sprich einer postpartalen Depression/PTBS, darstellen. Außerdem zeigte sich ein statistischer Zusammenhang mit kleiner Effektstärke zwischen vorangegangener Psychotherapie und postpartalen Depressionen. 50,5 % der Frauen mit Psychotherapieerfahrung in der Vergangenheit haben ein positives Screening bezüglich postpartaler Depressionen. Nichtsdestotrotz kann es weitere Risikofaktoren, wie sie beispielsweise Beck (1996) beschreibt, geben, die in dieser Studie nicht berücksichtigt wurden (Stress, Partnerschaft, Temperament des Kindes etc.).

In Schwellensituationen, wie sie die Geburt eines Kindes, insbesondere des ersten Kindes im Idealfall mit dem Übergang eines Paares zur Familie, darstellt, kommt eine hohe Anpassungsleistung auf die Mutter zu.

Dabei gilt es, zu beachten, dass nicht die Schwere eines Traumas (hier die der Gewalterfahrung), sondern vielmehr die subjektive Bedeutungszuschreibung zur Entwicklung einer posttraumatischen Belastungsstörung führen kann, weswegen der subjektiven Bewertung der Geburtserfahrung durch die Frau – wie durch den SIL-Ger_12 dargestellt – hier eine weitere wegweisende Rolle zukommt.

26,8 % (n = 81) der Frauen, die an dieser Erhebung teilgenommen haben, haben gemäß der Auswertung der SIL-Ger_12 ein negatives Geburtserleben. Von diesen 81 Frauen mit einem negativen Geburtserleben haben 53 (65,4 %) auch mindestens eine Form von Gewalt unter der Geburt erlebt sowie 56 (66,67 %) depressive Verstimmungen und fünf (6,17 %) die Verdachtsdiagnose PTBS.

Daraus ist darauf zu schließen, dass Frauen mit Gewalterfahrungen bei der Geburtshilfe ihre Geburt anschließend signifikant häufiger negativ bewerten. Diese Ergebnisse decken sich mit denen aus der Literatur: Schäfers (2015) spricht von einer Prävalenz eines negativen Geburtserlebens von 25,3 Prozent. Oelhafen et al. (2021) weisen auf Gewalt (Druck, Zwang) als Risikofaktor für ein negatives Geburtserleben und das höhere Risiko hin, an einer postpartalen psychischen Störung zu erkranken (vgl. Oelhafen 2021, 1).

Waldenström (1999) kam in seiner Studie zu dem Ergebnis, dass die Beteiligung am Geburtsvorgang (wahrgenommene Kontrolle) und eine gute Unterstützung durch die Hebamme mit einem positiven Geburtserlebnis verbunden sind. Auch in der vorliegenden Studie wurde die Zufriedenheit mit der Hebammenbetreuung im Zusammenhang mit dem Geburtserleben ausgewertet. Das Ergebnis ist, dass Frauen mit einem positiven Geburtserleben (n = 221) insgesamt zufriedener mit der Hebammenbetreuung waren als Frauen mit einem negativen Geburtserleben. Die Hebammenqualität, die vorliegend anhand von sechs Parametern analysiert worden ist (vgl. Abschnitt 7.2), wurde von den 81 Frauen mit einem negativen Geburtserleben überwiegend (von 61,77 %) als mittelmäßig bis gering eingeschätzt und von den Frauen mit einem positiven Geburtserleben als hoch (82,81 %). Demzufolge kann festgehalten werden, dass auch die Betreuung durch die Hebamme Einfluss auf das Geburtserleben hat. Wie auch die Studie von Lundgren (2009) zeigt, stellt die Beziehungsgestaltung einen wichtigen Faktor in der Hebammenbetreuung dar. Gebärende Frauen können sich noch zwei bis zwanzig Jahre nach der Geburt ihres Kindes an die Betreuung und (fehlende) Unterstützung seitens der Hebamme erinnern (vgl. Lundgren 2009, 119). Die Auswirkungen einer Geburtserfahrung können positiv und stärkend oder negativ und traumatisierend sein. Dabei ist die Hebamme und ihr Umgang mit der Gebärenden von besonderer Bedeutung (vgl. Olza et al. 2018, 9), denn Gründe für Gewalterfahrungen unter der Geburt liegen unter anderem beim geburtshilflichen Personal, zu der die Hebamme gehört (vgl. Bohren 2015). Hebammen können Frauen verbal und/oder körperlich verletzen (siehe 7.3), bei ihnen Gefühle der Einsamkeit oder die einer kalten Atmosphäre hinterlassen. Hebammen können aber auch Zuversicht, Kraft und Sicherheit vermitteln (vgl. Lundgren 2009, 120) und damit zu einem positiven Geburtserleben beitragen.

Abschließend kann festgehalten werden, dass Gewalt bei der Geburtshilfe ein verbreitetes Phänomen mit weitreichenden (psychischen) Folgen in der Postpartalzeit und Auswirkungen auf das Geburtserleben für die Frau darstellt.

Die in dieser Studie erzielten Ergebnisse beruhen allesamt auf der von der Verfasserin mit den angewandten Untersuchungsmethoden untersuchten Zufallsstichprobe. Dabei ergeben sich zugleich Limitationen, die bei der Interpretation der Ergebnisse berücksichtigt werden sollten. Das Forschungsdesign in Form einer Onlineumfrage in sozialen Medien stellt eine Limitation der Studie dar. Dadurch konnten daran nur Probandinnen teilnehmen, die einen Zugang zum Internet und zu sozialen Medien sowie ausreichende Deutschkenntnisse hatten, um den Fragebogen auszufüllen. Durch die Querschnittsanalyse ist es zugleich eine Momentaufnahme, sodass keine Aussage über zeitliche Entwicklungen bezüglich der postpartalen Befindlichkeit getätigt werden kann. Die Frauen hatten in Bezug auf das Ausfüllen des Fragebogens unterschiedliche Messzeitpunkte von einem Monat bis zwölf Monate post partum, was Einfluss auf die postpartale Befindlichkeit haben kann. Zudem wurde sich in der Studie auf die psychische und körperliche Gewalt fokussiert. Andere Formen, wie strukturelle Gewalt (gesellschaftliche/wirtschaftliche Strukturen wie die Hebammenunterversorgung oder interne Standards), wurde hingegen außen vorgelassen, sodass es weiterer Studien bedarf, um ein vollumfängliches Abbild der Gewalt bei der Geburtshilfe zu bekommen. Dies gilt auch für die postpartale Befindlichkeit, die sich in weiteren Formen als Depressionen/PTBS zeigen kann – z. B. in Form von Ängsten/Zwängen (vgl. Dorsch & Rohde 2016, 357), was in dieser Studie nicht untersucht wurde, sodass Bedarf an weiteren Erhebungen bezüglich Gewalt in der Geburtshilfe und postpartaler Befindlichkeit sowie einem Vergleich mit den vorliegenden Daten besteht.

9 Resümee und Ausblick

Frauen, die ein Kind in der Klinik zur Welt bringen, wünschen sich Unterstützung durch kompetentes und empathisches Fachpersonal. Gebärende erwarten zu Recht eine verlässliche medizinische und menschliche Betreuung, damit sie und ihr Ungeborenes in diesem existentiellen Moment sicher und geschützt sind. Das bedeutet, dass sie im Idealfall das Gefühl haben können, sich fallen zu lassen, ernst genommen und als mündiges Subjekt behandelt zu werden. Keine Frau sollte sich unter der Geburt hilflos und ausgeliefert fühlen müssen, sondern durch das klinische Fachpersonal die Wertschätzung erfahren, die ermöglicht, dass sie die Situation aktiv mitgestalten kann.

Die wissenschaftliche Auseinandersetzung mit Gewalterfahrungen unter der Geburt erfordert weitere erkenntnisbringende Studien, die aufgrund der genannten Auswirkungen auf Mutter und Kind (vgl. Ramsauer et al. 2013; Heinisch et al. 2019) vor allem die Langzeitfolgen von Gewalterfahrungen unter der Geburt zusammentragen sollten. Hierfür bedürfte es insbesondere einer größeren Zahl von Studien als auch klareren und einheitlichen Definitionen von Gewalt unter der Geburt. Zukünftige Studien sollten dazu beitragen, das Konstrukt der Gewalt unter Berücksichtigung der Umgebungsverhältnisse in der Klinik und deren Folgen besser zu verstehen, um präventiv den Gewalttransfer und schädliche Erfahrungen zu unterbinden. Ursachen für Gewalt bei der Geburtshilfe können auch in weiteren strukturellen und gesellschaftlichen Prozessen verankert sein, wie der Ökonomisierung und Medikalisierung des Gesundheitssystems, welche falsche Anreize und Schwerpunkte setzen sowie sich auf das Leben der Frauen und ihrer Familien negativ auswirken können. Im Besonderen wird von der Hebammenwissenschaft die Politik in der Verantwortung gesehen, die Rechte der Frauen im Gesundheitswesen zu schützen und zu garantieren sowie eine gerechte

L. Fabian, *Gewalt in der klinischen Geburtshilfe*, BestMasters,
https://doi.org/10.1007/978-3-658-43286-7_9

Ressourcenverteilung in Bezug auf die finanzielle Ausstattung der Geburtsstationen und qualifiziertem Personal umzusetzen. Eine bessere Finanzierung der Geburtshilfe und eine Erhöhung des Personalschlüssels könnten zu einer Verringerung der Arbeitslast sowie einer besseren Bezahlung der Hebammen und somit zu einem grenzachtenden Umgang des geburtshilflichen Personals mit den gebärenden Frauen führen. Haben Hebammen mehr Zeit für die einzelnen Frauen zur Verfügung, werden diese unter der Geburt im Idealfall seltener allein gelassen und erhalten zugleich eine bessere Aufklärung über Interventionen wie einen Dammschnitt oder der Gabe von Oxytocin. Auf berufspolitischer Ebene sollen die Implementierung und Überprüfung der Einhaltung von Richtlinien, welche sich an evidenzbasiertem Wissen und ethischen Prinzipien orientieren, angestrebt werden. Mit der neuen internationalen S3-Leitlinie zur vaginalen Geburt am Termin (vgl. Arbeitsgemeinschaft der Wissenschaftlichen Medizinischen Fachgesellschaften e. V. 2020, 7 ff.) ist ein Grundstein für eine respektvollere und achtsamere Geburtshilfe und -medizin gelegt worden. Hebammen und GynäkologInnen sollten sich selbst bei der täglichen Arbeit reflektieren und dabei erkennen, wann bzw. wenn unbeabsichtigt Grenzen überschritten werden und Gewalt angewendet wird. Dies empfehlen auch Beck & Ramsell (2021). Das Erleben der betroffenen Gebärenden darf nicht ignoriert werden, sondern muss als ihr tatsächliches Erleben angenommen und von dem geburtshilflichen Team erörtert werden. Bereits in der Ausbildung sollte eine theoretische Auseinandersetzung mit grenzüberschreitendem und grenzachtendem Verhalten stattfinden. Wichtig ist, dass die Thematik von der Politik im ersten Schritt erkannt und anerkannt wird. In Zukunft soll eine grenzachtende und respektvolle Geburtshilfe erreicht werden, in der tatsächlich die Frau primär im Mittelpunkt steht und nicht etwa die wirtschaftlichen Interessen der Geburtskliniken und/oder forensische Interessen der GeburtshelferInnen. Sommer (2022) schreibt hierzu Folgendes: „Es gibt sie ja, die Kliniken, in denen Hebammen salutophysiologisch, also an gesunden Prozessen orientiert ausgebildet werden und ‚das andere Bild' erleben und verinnerlichen können. Sie sind nur sehr selten" (Sommer 2022, o. S.).

ExpertInnen wie Mundlos (2015), Mother Hood e. V. (2022a) und Grieschat (2022), die sich mit Geburt (Gewalt unter der Geburt, Traum(a)Geburt) befassen, befürworten eine breit angelegte Informations- und Aufklärungskampagne. Wichtig ist, die Informationen über Gewalt unter der Geburt so zu gestalten, dass die Gebärende bei klarer, sachlicher Aufklärung, gleichwohl Vertrauen in die behandelnden ÄrztInnen und Hebammen der einmal gewählten geburtshilflichen Einrichtung entwickelt, denn dies ist für einen guten Geburtsverlauf elementar (vgl. Beck & Ramsell 2021,5).

Zudem ist Aufklärung über Gewalt unter der Geburt für die Betroffenen wichtig, weil es sie im Idealfall dazu in die Lage versetzt, Unrecht zu erkennen. Informiert zu sein, stärkt darüber hinaus die Gebärende in ihrem Gefühl von Kontrolle. Wenn die Gebärende und ihre bzw. ihr PartnerIn um Abläufe und mögliche, auch unerwünschte Varianten von Geburtsverläufen wissen, kann ihr Autonomiegefühl – ein wichtiger Aspekt für die Geburtszufriedenheit – selbst in schwierigen Situationen wie Geburtskomplikationen oder einem Kaiserschnitt erhalten bleiben. Darüber hinaus bedarf es einer Kultur des informierten Einverständnisses als Standard im Kreißsaal. Es ist eine vordringliche Aufgabe der Gesundheitspolitik, in Zusammenarbeit mit geburtshilflichen Fachverbänden und Einrichtungen Strategien zu entwickeln, um eine solche Arbeits- und Organisationskultur nachhaltig zu etablieren (vgl. Beck & Ramsell 2021, 13 ff.). Offene Erzählcafés als Angebot von Kliniken oder (Hebammen)Praxen könnten Orte sein, an denen sich Eltern auf Mut machende, lösungsorientierte Weise über Geburtserfahrungen austauschen. Die Förderung einer heilsamen Gesprächskultur über Geburtserfahrungen, das Erlernen von Selbstwahrnehmung und Selbstfürsorge als (werdende) Eltern sowie das Training der Paarkommunikation für das Ereignis Geburt werden von den ExpertInnen ebenfalls als für den Umgang mit erfahrener Gewalt unter der Geburt wichtig erachtet (vgl. Beck & Ramsell 2021, 24 f.).

Quellenverzeichnis

Ahner, R. & Kuntner, L. (2011). Normale Geburt – Gebärhaltung. In H. Schneider, P. Husslein & K. T. M. Schneider (Hrsg.). *Die Geburtshilfe* (4. Aufl., S. 701–707). Springer Verlag.

Arbeitsgemeinschaft der Wissenschaftlichen Medizinischen Fachgesellschaften e.V. (2020). *Vaginale Geburt am Termin. Kurzfassung* (AWMF-Register Nr. 015/083, S. 1–138). AWMF Online. Abgerufen am 11.11.2022, von https://www.awmf.org/uploads/tx_szleitlinien/015-083k_S3_Vaginale-Geburt-am-Termin_2021-01_1.pdf

Ayers, S., Bond, R., Bertullies, S., & Wijma, K. (2016). The aetiology of post-traumatic stress following childbirth: A meta-analysis and theoretical framework. *Psychological Medicine*, 46(6), 1121–1134. https://doi.org/10.1017/S0033291715002706

Azzawi, F. A. (1993). *Geburtshilfe.* Ullstein Mosby.

Bauer, N., Kehrbach, A., Krahl, A., von Rahden, O. & zu Sayn-Wittgenstein, F. (2007). *Handbuch Hebammenkreißsaal – Von der Idee zur Umsetzung.* Verbund Hebammenforschung (Hrsg.). Eigenverlag. Abgerufen am 19.11.2022, von https://www.hebammenforschung.de/fileadmin/HSOS/Homepages/Hebammenforschung/Handbuch_Hebammenkreisssaal.pdf

Beck, C. T. (1996). A meta-analysis of predictors of postpartum depression. *Nursing research*, 45(5), 297–303. https://doi.org/10.1097/00006199-199609000-00008

Beck, J. & Ramsell, A. (2021). *Bericht zu den Expertinnengutachten „Information der Öffentlichkeit zu Gewalt in der Geburtshilfe, unter besonderer Beachtung der Bedarfe von Migrantinnen und Flüchtlingsfrauen“.*Arbeitskreis Frauengesundheit in Medizin, Psychotherapie und Gesellschaft e.V. https://www.arbeitskreis-frauengesundheit.de/wp-content/uploads/2022/06/AKF_Bericht_Informationen_zu_Gewalt_unter_der_Geburt.pdf

Beck, J., Desery, K., Geppert-Orthofer, U., Bujny, V., Nordmann, A. & Tamm-Kanj, S. (2022). *Bündis Gute Geburt: Stellungsnahme zur Versorgung rund um die Geburt.* Mother Hood e.V.. Abgerufen am 11. November 2022, von https://mother-hood.de/aktuelles/buendnis-gute-geburt/

Bergant, A. M., Nguyen, T., Heim, K., Ulmer, H. & Dapunt, O. (1998). Validierung der „Edinburgh postnatal depression scale“. *Deutsche Medizinische Wochenschrift*, 123(3), 35–40. https://doi.org/10.1055/s-2007-1023895

Bockenheimer-Lucius, G. (2002). Zwischen „natürlicher Geburt“ und „Wunschsectio“ – Zum Problem der Selbstbestimmtheit in der Geburtshilfe. *Ethik Med,* 14, 186–200 (2002). https://doi.org/10.1007/s00481-002-0189-y

L. Fabian, *Gewalt in der klinischen Geburtshilfe*, BestMasters,
https://doi.org/10.1007/978-3-658-43286-7

Bodner-Adler, B. (2011). Normale Geburt – Hebammengeburtshilfe. In H. Schneider, P. Husslein & K. T. M. Schneider (Hrsg.), *Die Geburtshilfe* (4. Aufl., S. 707–709). Springer Verlag.

Bogner, K. & Landrock, U. (2015). *Antworttendenzen in standardisierten Umfragen.* GESIS – Leibniz Institut für Sozialwissenschaften (SDM Survey Guidelines). https://doi.org/10.15465/sdm-sg_016

Bohren, M. A., Mehrtash, H., Fawole, B., Maung, T. M., Balde, M. D., Maya, E., Thwin, S. S., Aderoba, A. K., Vogel, J. P., Irinyenikan, T. A., Adeyanju, A. O., Man, N. O., Adu-Bonsaffah, K., Landoilsi, S., Guure, C., Adanu, R., Diallo, B. A., Gülmezoglu, A. M., Soumah, A.-M., Sall, A. O. & Tunçalp, Ö. (2019). How women are treated during facility-based childbirth in four countries: A cross-sectional study with labour observations and community-based surveys. *The Lancet,* 394(10210), 1750–1763. https://doi.org/10.1016/S0140-6736(19)31992-0

Bohren, M. A., Vogel, J. P, Hunter, E. C., Lutsiv, O., Makh, S. K., Souza, J. P., Aguiar, C., Coneglian, F. S., Diniz, A. L. A., Tunçalp, Ö., Javadi, D., Oladapo, O. T., Khosla, R., Hindin, M. J. & Gülmezoglu, A. M. (2015). The Mistreatment of Women during Childbirth in Health Facilities Globally: A Mixed-Methods Systematic Review. PLOS Medicine, 12(6). Artikel e1001847. https://doi.org/10.1371/journal.pmed.1001847

Bundesgesetzblatt Online (2013). Gesetz zur Verbesserung der Rechte von Patientinnen und Patienten 2013, Teil 1 Nr.9, 277–282. Abgerufen am 08.11.2022, von https://www.bundesaerztekammer.de/fileadmin/user_upload/_old-files/downloads/Patientenrechtegesetz_BGBl.pdf

Bundesministerium der Justiz (2022). Grundgesetz für die Bundesrepublik Deutschland in der im Bundesgesetzblatt Teil III, Gliederungsnummer 100–1, veröffentlichten bereinigten Fassung, das zuletzt durch Artikel 1 u. 2 Satz 2 des Gesetzes vom 29. September 2020 (BGBl. I S. 2048) geändert worden ist. Zugriff am 08.11.2022, auf https://www.gesetze-im-internet.de/gg/BJNR000010949.html

Bundesministerium für Bildung und Forschung (2011). *Natürliche Geburt in der Klinik – ganz ohne Arzt – Hebammenkreißsäle machen es möglich.* Newsletter Nr. 52 / Juli 2011. Bundesministerium für Bildung und Forschung. Abgerufen am 09.11.2022, von https://www.gesundheitsforschung-bmbf.de/de/naturliche-geburt-in-der-klinik-ganz-ohne-arzt-hebammenkreisssale-machen-es-moglich-2738.php

Bundesministerium für Familie, Senioren, Frauen und Jugend (2004). *Lebenssituation, Sicherheit und Gesundheit von Frauen in Deutschland. Eine repräsentative Untersuchung zu Gewalt gegen Frauen in Deutschland.* Bundesministerium für Familie, Senioren, Frauen und Jugend. Abgerufen am 09.11.2022, von https://www.bmfsfj.de/resource/blob/84328/3bc38377b11cf9ebb2dcac9a8dc37b67/langfassung-studie-frauen-teil-eins-data.pdf

Bundesministerium für Familie, Senioren, Frauen und Jugend (2017). *Verhütung und Bekämpfung von Gewalt gegen Frauen und häuslicher Gewalt.Gesetz zu dem Übereinkommen des Europarats vom 11. Mai 2011 (Istanbul-Konvention).* Bundesministerium für Familie, Senioren, Frauen und Jugend. Abgerufen am 09.11.2022, von https://www.bmfsfj.de/resource/blob/122280/cea0b6854c9a024c3b357dfb401f8e05/gesetz-zu-dem-uebereinkommen-zur-bekaempfung-von-gewalt-gegen-frauen-istanbul-konvention-data.pdf

Bundesministerium für Gesundheit (2017). *Nationales Gesundheitsziel. Gesundheit rund um die Geburt.* Bundesministerium für Gesundheit. Abgerufen am 09.11.2022, von https://www.bundesgesundheitsministerium.de/fileadmin/Dateien/5_Publikationen/Gesundheit/Broschueren/Nationales_Gesundheitsziel_Gesundheit_rund_um_die_Geburt.pdf

Bundesministerium für Gesundheit (2021a). *Krankenhausfinanzierung.* Bundesministerium für Gesundheit. Abgerufen am 08.12.2022, von https://www.bundesgesundheitsministerium.de/krankenhausfinanzierung.html

Bundesministerium für Gesundheit (2021b). *Öffentliche Förderbekanntmachung des Bundesministeriums für Gesundheit (BMG) zum Thema „Systematische Datenerhebung zum subjektiven Geburtserleben".* Bundesministerium für Gesundheit. Abgerufen am 08.11.2022, von https://www.bundesgesundheitsministerium.de/fileadmin/Dateien/3_Downloads/B/Bekanntmachungen/Geburtserleben_Foerderbekanntmachung.pdf

Chalubinki, K.M. & Husslein, P. (2011). Normale Geburt. In H. Schneider, P. Husslein & K. T. M. Schneider (Hrsg.). *Die Geburtshilfe* (4. Aufl., S. 685–701). Springer Verlag.

De Schepper, S., Vercauteren, T., Tersago, J., Jacquemyn, Y., Raes, F. & Franck, E. (2016). Post-Traumatic Stress Disorder after childbirth and the influence of maternity team care during labour and birth: A cohort study. *Midwifery*, 32, 87–92. https://doi.org/10.1016/j.midw.2015.08.010

Deutscher Hebammenverband e.V. (2012). *Empfehlungen für traumasensible Begleitung durch Hebammen.* Deutscher HebammenVerband e.V.. Abgerufen am 02.12.2022, von https://www.hebammen-nrw.de/cms/fileadmin/redaktion/Aktuelles/pdf/2013/Empfehlungen_fu__r_traumasensible_Begleitung_durch_Hebammen_11122012_web.pdf

Deutscher Hebammenverband e.V. (2020). *Keine Gewalt in der Geburtshilfe.* Positionspapier des Deutschen Hebammenverbands e.V.. Abgerufen am 07.12.2022, von https://www.hebammenverband.de/index.php?eID=tx_securedownloads&p=5479&u=0&g=0&t=1678303914&hash=c28ac812bcd4aa7a4c249d1d0c1091aff957dab4&file=/fileadmin/user_upload/pdf/Stellungnahmen/20200219_Positionspapier_Keine_Gewalt_in_der_Geburtshilfe_final.pdf

Deutscher Hebammenverband e.V. (2022). *Eine Ethik für Hebammen.* Deutscher Hebammenverband e.V.. Abgerufen am 09.11.2022, von https://www.hebammenverband.de/fileadmin/download/PDF/DHV_Ethik_fuer_Hebammen2022.pdf

Dilling, H., Mombour, W., Schmidt, M. H. & Schulte-Markwort, E. (Hrsg.). (2016). *ICD-10. Internationale Klassifikation psychischer Störungen.* (6. Aufl.). Hogrefe.

Dorn, A. & Mautner, C. (2018). Postpartale Depression. *Gynäkologe,* 51, 94–101. https://doi.org/10.1007/s00129-017-4183-3

Dorsch, V. M. & Rohde, A. (2016). Postpartale psychische Störungen – Update 2016. *Frauenheilkunde up2date,* 10(04), 355–374 (2016). https://doi.org/10.1055/s-0042-112631

Echterhoff, G. (2013a). Quantitative Auswertungsmethoden. In W. Hussy, M. Schreier & G. Echterhoff (Hrsg.). *Forschungsmethoden in Psychologie und Sozialwissenschaften für Bachelor* (2. Aufl., S. 165–184). Springer Verlag. https://doi.org/10.1007/978-3-642-34362-9_4

Echterhoff, G. (2013b). Quantitative Erhebungsmethoden. In W. Hussy, M. Schreier & G. Echterhoff (Hrsg.). *Forschungsmethoden in Psychologie und Sozialwissenschaften für Bachelor* (2. Aufl., S. 56–114). Springer Verlag. https://doi.org/10.1007/978-3-642-34362-9_2

Eckardt, S. (2020). *Die unbekannte Geburt. Subjektivierungsweisen von gebärenden Frauen zwischen individueller Praxis und öffentlichem Diskurs.* Transcript Verlag. https://doi.org/10.14361/9783839452752-014

Eichenauer, J. (2016). *Overprotection und Pathologisierung.* Hebammenverband Baden-Württemberg. Abgerufen am 04.12.2022, von https://hebammen-bw.de/overprotection-und-pathologisierung/

Fabian (2020). Was ist die Chi-Quadrat-Verteilungstabelle? In *Statologie.de.* Abgerufen am 06.12.2022, von https://statologie.de/chi-quadrat-verteilungstabelle-lesen/#google_vignette

Fahrmeir, L., Künstler, R., Pigeot, I. & Tutz, G. (2007). *Statistik. Der Weg zur Datenanalyse* (6. Auflage). Springer.

Faltermeier, T. (2020). *Salutogenese.* Bundeszentrale für gesundheitliche Aufklärung. https://doi.org/10.17623/BZGA:224-i104-2.0

Freedman, L. P., Ramsey, K., Abuya, T., Bellows, B., Ndwiga, C., Warren, C. E., Kujawski, S., Moyo, W., Kruk, M. E. & Mbaruku, G. (2014). Defining disrespect and abuse of women in childbirth: a research, policy and rights agenda. *Bull World Health Organization*, 92(12), 915–917. http://dx.doi.org/10.2471/BLT.14.137869

Gogarten, W. & Busley, R. (2019). Anästhesie in der Geburtshilfe. In R. Rossaint, C. Werner & B. Zwißler (Hrsg.). *Die Anästhesiologie* (4. Aufl., S. 1393–1419). Springer Verlag.

Grieschat, M. (2019a). *Auswertung der Roses Revolution Deutschland 2018. Aktionstag gegen Respektlosigkeit und Gewalt im Kontext von Schwangerschaft, Geburtshilfe und Wochenbett – 25. November.* Initiative für eine gerechte Geburtshilfe in Deutschland – Information, Austausch, Diskussion. Abgerufen am 10.11.2022, von https://www.gerechte-geburt.de/home/roses-revolution/2018-auswertung/

Grieschat, M. (2019b). … oder wollen Sie, dass Ihr Kind stirbt? Mascha Grieschat über Gewalt im Kontext von Geburtshilfe. *Gesundheit braucht Politik. Zeitschrift für eine soziale Medizin*, 3, 17–19(2019). Aufgerufen am 14.11.2022, von https://gbp.vdaeae.de/images/cover/group/GbP_19_3-Geschlechterverhaeltnisse.pdf

Grieschat, M. (2022). *Gewalt in der Geburtshilfe.* Initiative für eine gerechte Geburtshilfe in Deutschland – Information, Austausch, Diskussion. Abgerufen am 10.11.2022, von https://www.gerechte-geburt.de/wissen/gewalt-in-der-geburtshilfe/

Halperin, O., Sarid, O. & Cwikel, J. (2015). The influence of childbirth experiences on women's postpartum traumatic stress symptoms: A comparison between Israeli Jewish and Arab women. *Midwifery*, 31(6), 625–632. https://doi.org/10.1016/j.midw.2015.02.011

Harris, R. & Ayers, S. (2012). What makes labour and birth traumatic? A survey of intrapartum 'hotspots'. *Psychology & Health,* 27 (10), 1166–1177. https://doi.org/10.1080/08870446.2011.649755

Heinisch, C., Galeris M.-G., Gabler, S.,Simen, S., Junge-Hoffmeister, J., Föβel, J. & Spangler, G. (2019). Mothers With Postpartum Psychiatric Disorders: Proposal for an Adapted Method to Assess Maternal Sensitivity in Interaction With the Child. *Frontiers in Psychiatry,* 10:471 (2019). https://doi.org/10.3389/fpsyt.2019.00471

Hussy, W. (2013). Quantitative Forschungsmethoden. In W. Hussy, M. Schreier & G. Echterhoff (Hrsg.). *Forschungsmethoden in Psychologie und Sozialwissenschaften für Bachelor* (2. Aufl., S. 115–164). Springer Verlag. https://doi.org/10.1007/978-3-642-34362-9_3

Institut für Qualität und Wirtschaftlichkeit im Gesundheitswesen (IQWiG) (2020). *Was sind Leitlinien?*. Abgerufen am 19.11.2022, von https://www.gesundheitsinformation.de/was-sind-leitlinien.html

International Childbirth Initiative (2022a). *The initiative*. International Childbirth Initiative. Abgerufen am 14.11.2022, von https://icichildbirth.org/

International Childbirth Initiative (2022b). *Zusammenfassung mit Anmerkungen (ICI). Die Zusammenfassung der 12 Schritte für eine sichere und respektvolle MutterBaby-Familien-Betreuung mit Anmerkungen*. International Childbirth Initiative. Abgerufen am 14.11.2022, von https://icichildbirth.org/wp-content/uploads/2022/01/ici_summary_color_german.pdf

Internationale Gesellschaft für Pränatale und Perinatale Psychologie und Medizin (ISPPM) e.V. (2020). *Hilfetelefon nach schwieriger Geburt startet*. Abgerufen am 10.11.2022, von https://isppm.ngo/hilfetelefon-nach-schwieriger-geburt-startet/

Jardim, D. & Modena, C. M. (2018). Obstetric violence in the daily routine of care and its characteristics. *Revista Latino-Americana de Enfermagem*, 2018(26), Artikel e 3069. https://doi.org/10.1590/1518-8345.2450.3069

Jochberger, S., Ortner, C. & Klein, K. U. (2017). Schmerztherapie während der Geburt. *Wiener Medizinische Wochenschrift* 167, 368–373 (2017). https://doi.org/10.1007/s10354-017-0571-5

Jung, T. (2017). Die „gute Geburt" – Ergebnis richtiger Entscheidungen? Zur Kritik des gegenwärtigen Selbstbestimmungsdiskurses vor dem Hintergrund der Ökonomisierung des Geburtshilfesystems. *Gender* 21, 30–45 (2017). https://doi.org/10.3224/gender.v9i2.03

Kessler, H. (2021a) Die psychobiologischen Modelle. In H. Kessler (Hrsg.). *Kurzlehrbuch Medizinische Psychologie und Soziologie* (4. Aufl., 2021). Thieme. https://doi.org/10.1055/b000000509

Kessler, H. (2021b) Das transaktionale Stressmodell (Coping-Modell) nach Lazarus (psychologisches Stressmodell). In H. Kessler (Hrsg.). Kurzlehrbuch Medizinische Psychologie und Soziologie (4. Aufl., 2021). Thieme. https://doi.org/10.1055/b000000509

Knefel, M. (2021). Trauma (Psychologie). In *socialnet. Das Netzwerk für die Sozialwirtschaft*. Abgerufen am 06.12.2022, von https://www.socialnet.de/lexikon/Trauma-Psychologie

Köllner, V. (2019). Posttraumatische Belastungsstörungen bei körperlichen Erkrankungen und medizinischen Eingriffen. In A. Maercker, A. (Hrsg.). *Traumafolgestörungen* (5. Aufl., S. 443–459). Springer. https://doi.org/10.1007/978-3-662-58470-5_23

Krause, M. (2004). Ist der Kristeller-Handgriff heute noch aktuell? *Hebamme*, 17(1), 38–41 (2004). https://doi.org/10.1055/s-2004-823080

Kruse, M. (2017). *Traumatisierte Frauen begleiten* (1. Aufl., 2017). Thieme. https://doi.org/10.1055/b-005-145223

Kuckartz, U., Rädiker, S., Ebert, T. & Scheh, J. (2010). *Statistik. Eine verständliche Einführung* (1. Aufl., 2010). VS Verlag für Sozialwissenschaften

Kuhlig, W. & Theunissen, G. (2006). Selbstbestimmung und Empowerment. In E. Wüllenweber, G. H. Theunissen & H. Mühl (Hrsg.). *Pädagogik bei geistigen Behinderungen: Ein Lehrbuch für Studium und Praxis* (S.237–250). Verlag W. Kohlhammer.

Kunz, E., Sidor, A., Eickhorst, A. & Cierpka, M. (2012). Zusammenhänge zwischen elterlicher depressiver Symptomatik, Stressbelastung und Kohärenzgefühl in Risikofamilien. *Prävention/Gesundheitsförderung* 7, 266–273 (2012). https://doi.org/10.1007/s11553-012-0355-0

Larkin, P., Begley, C. M. & Devane, D. (2009). Women's experiences of labour and birth: An evolutionary concept analysis. *Midwifery*, 25(2), e49–e59. https://doi.org/10.1016/j.midw.2007.07.010

Laux, G. (2021). Affektive Störungen. In P. Falkai, G. Laux, A. Deister & Möller H. (Hrsg.). *Duale Reihe Psychiatrie, Psychosomatik und Psychotherapie* (7. Aufl., 2021, S. 95–135). Thieme. https://doi.org/10.1055/b000000071

Leinweber, J., Jung, T., Hartmann, K. & Limmer, C. (2021). Respektlosigkeit und Gewalt in der Geburtshilfe – Auswirkungen auf die mütterliche perinatale psychische Gesundheit. *Public Health Forum*, 29(2), 97–100. https://doi.org/10.1515/pubhef-2021-0040

Limmer, C., Stoll, K. & Gross, M. (2019, 28.- 30. November). *Respektlosigkeit und Gewalt in der Geburtshilfe: Ergebnisse einer deutschen Validierungsstudie* [Konferenzbeitrag]. 29. Kongress der Deutschen Gesellschaft für Perinatale Medizin, Berlin, Deutschland.

Löhrs, B., Edler von Koch, F. & Dannecker, C. (2006). Austreibungsperiode. Gebärpositionen. In A. Strauss (Hrsg.). Geburtshilfe Basics (214–215). Springer Medizin Verlag. https://doi.org/10.1007/3-540-33769-5_24

Lohse, T. (2008). *Hilfe, ich kann mein Kind nicht lieben. Postpartale Depression: Krankheitsbild, Verlauf, Ursachen, Therapiemöglichkeiten* (1. Aufl., 2008). Diplomica Verlag GmbH

Lundgren, I., Karlsdottir, S. I. & Bondas, T. (2009). Long-term memories and experiences of childbirth in a Nordic context – a secondary analysis. *International Journal of Qualitative Studies on Health and Well-being*, 4(2), 115–128. https://doi.org/10.1080/17482620802423414

Lütje. W & Schneider, K. T. M. (2004). Einflussgrößen und Dimensionen in Bezug auf Zufriedenheit und Erleben in der Geburtshilfe – Eine empirische Zusammenhangsanalyse an Hand einer erweiterten Perinatalerhebung. *Zentralblatt für Gynäkologie*, 03(126), V14 (2004). https://doi.org/10.1055/s-2004-822058

Lyons, S. (1998). A prospective study of posttraumatic stress symptoms 1 month following childbirth in a group of 42 first-time mothers. *Journal of Reproductive and Infant Psychology*, 16, 91–105 (1998). https://doi.org/10.1080/02646839808404562

Maercker, A. & Schützwohl, M. (1998). Erfassung von psychischen Belastungsfolgen: Die Impact of Event Skala-revidierte Version (IES-R). / Assessment of post-traumatic stress reactions: The Impact of Event Scale-Revised (IES-R). *Diagnostica*, 44(3), 130–141. https://doi.org/10.1037/t55092-000

Momunity (o.J.). *Momunity – Die Mama Social App*. Abgerufen am 08.12.2022, von https://momunity.com/

Mother Hood e.V. (2018). *Stellungnahme. Gewalt unter der Geburt: Menschenrechte gelten auch im Kreißsaal*. Motherhood e.V.. Abgerufen am 17.11.2022, von https://mother-hood.de/aktuelles/gewalt-unter-der-geburt-menschenrechte-gelten-auch-im-kreisssaal/

Mother Hood e.V. (2022a). Website. Abgerufen am 17.11.2022, von https://mother-hood.de/

Mother Hood e.V. (2022b). *Wer wir sind und was wir tun*. Mother Hood e.V.. Abgerufen am 17.11.2022, von https://mother-hood.de/ueber-uns/

Mundlos, C. (2015). *Gewalt unter der Geburt. Der alltägliche Skandal* (1. Aufl.). Tectum Verlag.

Mundlos, C. (2018). Gewalterleben von Müttern – ein Tabu mit großer Wirkung. In I. Brock (Hrsg.). *Wie die Geburtserfahrung unser Leben prägt. Perspektiven für Geburtshilfe, Entwicklungspsychologie und die Prävention früher Störungen* (1. Aufl., S. 75–84). Psychosozial-Verlag.

Mundt-Smejda, T., Gänszle, R. (2016). Postpartale Depression aus psychodramatischer Sicht. *Zeitschrift für Psychodrama und Soziometrie,* 15, 63–72 (2016). https://doi.org/10.1007/s11620-016-0325-1

Ochsenbein-Kölble, N. (2011). Wochenbett. In H. Schneider, P. W. Husslein & K.-T. M. Schneider (Hrsg.). *Die Geburtshilfe* (S. 1097–1104). Springer-Verlag. https://doi.org/10.1007/978-3-642-12974-2_50

Oelhafen, S., Trachsel, M., Monteverde, S., Raio, L. & Cignacco Müller, E. (2021). Informal coercion during childbirth: risk factors and prevalence estimates from a nationwide survey among women in Switzerland. *BMC Pregnancy and Childbirth,* Artikel 369 (2021). https://doi.org/10.1186/s12884-021-03826-1

Olza, I., Leahy-Warren, P., Benyamini, Y., Kazmierczak, M., Karlsdottir, S. I., Spyridou, A., Crespo-Mirasol, E., Takács, L., Hall, P. J., Murphy, M., Jonsdottir, S. S., Downe, S. & Nieuwenhuijze, M. J. (2018). Women's psychological experiences of physiological childbirth: a metasynthesis. *BMJ Open*, 8, Artikel e020347. https://doi.org/10.1136/bmjopen-2017-020347

Pitschel-Walz G. (2018). Affektive Störungen (F30–F38). In S. Leucht & H. Förstl (Hrsg.). *Kurzlehrbuch Psychiatrie und Psychotherapie* (2. Aufl., S. 103–122 (2018)). Thieme. https://doi.org/10.1055/b-006-160281

Planing, P. (2022). Chi-Quadrat-Tests. In *Statistik Grundlagen.* Abgerufen am 06.12.2022, von https://statistikgrundlagen.de/ebook/chapter/chi-quadrat-tests/

Putnick, D. L., Putnick, Sundaram, R., Bell, E. M., Ghassabian, A., Goldstein, R. B., Robinson, S. L., Vafai, Y., Gilman, S. E. & Yeung. E. (2020). Trajectories of Maternal Postpartum Depressive Symptoms. Pediatrics, 146(5), Artikel e20200587 (2020). https://doi.org/10.1542/peds.2020-0857

Raithel, J. (2008). *Quantitative Forschung* (2. Aufl., 2008). VS Verlag für Sozialwissenschaften. https://doi.org/10.1007/978-3-531-91148-9

Rakowitz, N. (2020). *Krankenhaus statt Fabrik. Bedarfsgerecht, Gemeinwohlorientiert. Das Fallpauschalensystem und die Ökonomisierung der Krankenhäuser – Kritik und Alternativen* (5. Aufl.). Bündnis Krankenhaus statt Fabrik. Abgerufen am 17.11.2022, von https://www.krankenhaus-statt-fabrik.de/download/KH_statt_Fabrik_Broschuere_2020.pdf

Ramsauer, B., Döhmen, S. & Romer, G. (2013). Postpartale psychische Störungen. *Psychotherapeut,* 58, 165–170 (2013). https://doi.org/10.1007/s00278-011-0853-0

Reulbach, U., Bleich, S., Knörr, J., Burger, P., Fasching, P. A., Kornhuber, J., Beckmann, M. W. & Goecke, T. W. (2009). Prä-, peri- und postpartale Depressivität Erste Erkenntnisse aus FRAMES (Franconian Maternal Health Evaluation Studies). *Fortschritte der Neurologie – Psychiatrie*, 77(12), 708–713 (2009). https://doi.org/10.1055/s-0028-1109822

Riecher-Rössler, A. (2006). Was ist postpartale Depression? In B. Wimmer-Puchinger & A. Riecher-Rössler (Hrsg.). *Postpartale Depression. Von der Forschung zur Praxis* (1. Aufl., S.11–20 (2006)). Springer-Verlag. https://doi.org/10.1007/3-211-29956-4_2

Righetti-Veltema, M., Conne-Perréard, E., Bousquet, A., & Manzano, J. (1998). Risk factors and predictive signs of postpartum depression. *Journal of Affective Disorders*, 49(3), 167–180 (1998). https://doi.org/10.1016/s0165-0327(97)00110-9

Rigutti, A. (1996). *Von der Eizelle bis zur Geburt. Wie menschliches Leben entsteht.* Neuer Kaiser Verlag.

Rose, L. (2022). Gebären will gelernt sein! – Bildungsangebote zur Geburt zwischen emanzipatorischer Befähigung und neoliberaler Indienstnahme. *Österreich Zeitschrift für Soziologie,* 47, 9–29 (2022). https://doi.org/10.1007/s11614-022-00469-0

Roses Revolution Deutschland (2022). Wer steht hinter der Roses Revolution Deutschland? Abgerufen am 18.11.2022, von https://www.rosesrevolutiondeutschland.de/Ueber-uns/

Rummel, S. I. (2007). *Kosten und Erlöse bei der Abrechnung geburtshilflicher Leistungen nach dem System der Diagnosis-Related-Groups (DRG)* [Dissertation, Ludwig-Maximilian-Universität München]. Datenbank Elektronische Hochschulschriften der LMU München. https://edoc.ub.uni-muenchen.de/6632/2/Rummel_Sandra_I.pdf

Salmon, P., Miller, R., & Drew, N. C. (1990). Women's anticipation and experience of childbirth: The independence of fulfilment, unpleasantness and pain. *British Journal of Medical Psychology*, 63(3), 255–259. https://doi.org/10.1111/j.2044-8341.1990.tb01617.x

Schäfer, T. (2010). *Statistik I. Deskriptive und Explorative Datenanalyse* (1. Aufl.). VS Verlag

Schäfers, R. (2015). Einfluss des Geburtserlebens auf die subjektive Gesundheitseinschätzung von Frauen. *GMS Zeitschrift für Hebammen-wissenschaft,* 2015(2), Artikel Doc02. https://doi.org/10.3205/zhwi000005

Schatten und Licht e.V. (o.J.). *Peripartale Krankheitsbilder und die Selbsthilfe-Organisation Schatten & Licht e.V.*. Aufgerufen am 18.11.2022, von https://schatten-und-licht.de/

Schlack, R., Rüdel, J., A. Karger, A. & Hölling, H. (2013). Körperliche und psychische Gewalterfahrungen in der deutschen Erwachsenenbevölkerung. Ergebnisse der Studie zur Gesundheit Erwachsener in Deutschland (DEGS1). *Bundesgesundheitsblatt – Gesundheitsforschung – Gesundheitsschutz,* 56, 755–764 (2013). https://doi.org/10.1007/s00103-013-1691-8

Schneider, M. (2020). *Gewalt in der Geburtshilfe als curricularer Bestandteil der Hebammenqualifizierung. Eine empirische Untersuchung mit salutogenetischem Ansatz aus der emischen Sichtweise Hebammenstudierender.* [Bachelorarbeit, Hochschule Fulda, Fachbereich Pflege und Gesundheit]. Hochschule Fulda. https://fuldok.hs-fulda.de/opus4/frontdoor/deliver/index/docId/864/file/BA.pdf

Schönberger, P. (2020). Psychische Krisen und Erkrankungen in der Postpartalzeit. In A. Stiefel, K. Brendel & N. Bauer (Hrsg.). *Hebammenkunde* (6. Aufl., 2020, S. 929–945). Thieme. https://doi.org/10.1055/b-006-163368

Schubert, K. & Klein, M. (2020), *Das Politiklexikon* (7. Aufl.). Dietz. Bundeszentrale für politische Bildung. Abgerufen am 18.11.2022 von https://www.bpb.de/kurz-knapp/lexika/politiklexikon/17566/gewalt/

Schwarz, J. (2022a). *Deskriptive, univariate Analyse (Verteilungen). Methodenberatung.* Universität Zürich. https://www.methodenberatung.uzh.ch/de/datenanalyse_spss/deskuniv.html

Schwarz, J. (2022b). Korrelation nach Bravais-Pearson. Methodenberatung. Universität Zürich. https://www.methodenberatung.uzh.ch/de/datenanalyse_spss/zusammenhaenge/korrelation.html

Schwarz, J. (2022c). *Pearson Chi-Quadrat-Test (Kontingenzanalyse). Methodenberatung.* Universität Zürich. https://www.methodenberatung.uzh.ch/de/datenanalyse_spss/zusammenhaenge/pearsonzush.html

Schwarz, J. (2022d): *Rangkorrelation nach Spearman. Methodenberatung.* Universität Zürich. https://www.methodenberatung.uzh.ch/de/datenanalyse_spss/zusammenhaenge/rangkorrelation.html

Simonovic, D. (2019, 04. Juli). *A human rights-based approach to mistreatment and violence against women in reproductive health services with a focus on childbirth and obstetric violence* [Kongressbeitrag, Agenda A/74/251 26a]. 74. Tages der United Nations Human Rights Council, New York, Vereinigte Staaten von Amerika.

Smigierski, J. (o.J.). *Z-Wert Mann-Whitney-U-Test SPSS.* Smigierski Statistische Beratung. Abgerufen am 18.11.2022, von https://www.beratung-statistik.de/statistik-beratung-infos/spss-tips/z-wert-mann-whitney-u-test-spss/

Sommer, M. (2020). *Gewalt in der Hebammenausbildung – Gewalterleben werdender Hebammen und mögliche Auswirkungen auf die Prägung praxisleitender Affekte* [Masterarbeit Salutophysiologie. Fachhochschule Salzburg]. Bibliothek Campus Urstein.

Sommer, M. (2021). Gewalt in der Hebammenausbildung. Wissende Zeuginnen. *Deutsche Hebammen Zeitschrift*, Ausgabe 07/2021. Abgerufen am 18.11.2022, von https://www.dhz-online.de/de/news/detail/artikel/wissende-zeuginnen/

Sommer, M. (2022). *Gewalt in der Hebammenausbildung – Ein Gastbeitrag von Hebamme Margarete Sommer.* The Image of Birth. Abgerufen am 18.11.2022, von https://theimageofbirth.com/2022/05/09/gewalt-in-der-hebammenausbildung-margarete-sommer/

Spektrum-Redaktion (1999). postpartal. In *Lexikon der Biologie.* Akademischer Verlag. Abgerufen am 18.11.2022, von https://www.spektrum.de/lexikon/biologie/postpartal/53292

Spiegel, D. (2021). *Überblick über dissoziative Störungen.* MSD Manual – Ausgabe für Patienten. Abgerufen am 19.11.2022, von https://www.msdmanuals.com/de-de/heim/psychische-gesundheitsst%C3%B6rungen/dissoziative-st%C3%B6rungen/%C3%BCberblick-%C3%BCber-dissoziative-st%C3%B6rungen

Stadlmayr, W., Amsler, F., Lemola, S., Stein, S., Alt, M., Bürgin, D., Surbek, D., & Bitzer, J. (2006). Memory of childbirth in the second year: the long-term effect of a negative birth experience and its modulation by the perceived intranatal relationship with caregivers. *Journal of Psychosomatic Obstetrics & Gynecology,* 27(4), 211–224 (2006). https://doi.org/10.1080/01674820600804276

Stadlmayr, W., Bitzer, J., Hösli, I., Amsler, F., Leupold, J., Schwendke-Kliem, A., Simoni, H. & Bürgin, D. (2001). Birth as a multidimensional experience: comparison of the English- and German-language versions of Salmon's Item List. *Journal of Psychosomatic Obstetrics & Gynecology,* 22(4), 205–214 (2001). https://doi.org/10.3109/01674820109049975

Stadlmayr, W., Cignacco, E., Surbek, D. & Büchi, S. (2009). Screening-Instrumente zur Erfassung von Befindlichkeitsstörungen nach der Geburt. *Die Hebamme,* 22, 13–19 (2009). https://doi.org/10.1055/s-0029-1213450

Stadlmayr, W., Lemola, S., Amsler, F., Stein, S., Cignacco1, E., Surbek, D. & Bitzer, J. (2005). Depressive Verstimmungen und/oder traumatogene Reaktionen 3 Wochen postpartum: Entwicklung eines postpartalen Screenings (3. & 4. Tag pp) mittels SIL-Ger_12.

Zeitschrift für Geburtshilfe und Neonatologie, 209, S. 2(2005). https://doi.org/10.1055/s-2005-923227
Stangl, W. (2022a). Befindlichkeit. In *Online Lexikon für Psychologie und Pädagogik.* Abgerufen am 18.11.2022, von https://lexikon.stangl.eu/24701/befindlichkeit
Stangl, W. (2022b). Derealisation. In *Online Lexikon für Psychologie & Pädagogik.* Abgerufen am 06.12.2022, von https://lexikon.stangl.eu/2407/derealisation
Stangl, W. (2022c). Differentialdiagnose. In *Online Lexikon für Psychologie & Pädagogik.* Abgerufen am 04.12.2022, von https://lexikon.stangl.eu/14328/differentialdiagnose
Stangl, W. (2022d). Flashback. In *Online Lexikon für Psychologie & Pädagogik.* Abgerufen am 06.12.2022, von https://lexikon.stangl.eu/6856/flashback
Stangl, W. (2022e). Insuffizienzgefühl. In *Online Lexikon für Psychologie & Pädagogik.* Abgerufen am 06.12.2022, von https://lexikon.stangl.eu/2436/insuffizienzgefuehl
Stangl, W. (2022f). Kampf- oder Flucht-Reaktion. In *Online Lexikon für Psychologie & Pädagogik.* Abgerufen am 10.12.2022, von https://lexikon.stangl.eu/19301/kampf-oder-flucht-reaktion
Stark, M. & Wacker, J. (2020). Misgav-Ladach-Sectio („Der sanfte Kaiserschnitt"). In J. Wacker, M. Sillem M., G. Bastert & M. W. Beckmann (Hrsg). *Therapiehandbuch Gynäkologie und Geburtshilfe* (3. Aufl., S. 215–323). Springer-Verlag.
Statistisches Bundesamt (2022a). *Ein Drittel aller Geburten in 2020 durch Kaiserschnitt.* Statistisches Bundesamt (Destatis). Pressemitteilung Nr. N 022 vom 26. April 2022. Abgerufen am 18.11.2022, von https://www.destatis.de/DE/Presse/Pressemitteilungen/2022/04/PD22_N022_231.html
Statistisches Bundesamt (2022b). *Grunddaten der Krankenhäuser.* Statistisches Bundesamt (Destatis), Fachserie 12, Reihe 6.1.1, 7. April 2022, korrigiert am 22. April 2022. Abgerufen am 18.11.2022, von https://www.destatis.de/DE/Themen/Gesellschaft-Umwelt/Gesundheit/Krankenhaeuser/Publikationen/Downloads-Krankenhaeuser/grunddaten-krankenhaeuser-2120611207004.pdf;jsessionid=386F81B03819DEE51F0989140F7F7D68.live731?__blob=publicationFile
Stauber, M. &Weyerstahl, T. (2013). *Gynäkologie und Geburtshilfe. Duale Reihe (4. Aufl., 2013)* Thieme.
Steck, T. (2008). Ablauf der regelrechten Geburt. In T. Steck T., H. Pachmann, E. Hertel & C. Morgenstern (Hrgs.). *Kompendium der Geburtshilfe für Hebammen* (S. 131–148). Springer Verlag. https://doi.org/10.1007/978-3-211-49304-5_7
Stern TV-Redaktion (2019, 22. Mai). *Gewalt im Kreißsaal. Hebammen schlagen Alarm.* SternTV. i&u TV Produktion GmbH. Abgerufen am 18.11.2022, von https://www.sterntv.de/hebammen-schlagen-alarm
Strafgesetzbuch (o.J.). §32 Notwehr. Abgerufen am 05.12.2022, von https://dejure.org/gesetze/StGB/32.html
Thiede, K. (2019, 20. Februar). *Im netzWERK: Charlotte, Gründerin von Momunity.* JuggleHub. Abgerufen am 08.12.2022, von https://jugglehub.de/im-netzwerk-charlotte-gruenderin-von-momunity/
Traum(a)Geburt e.V. (2022). *Information – Hilfe – ein offenes Ohr vor und nach der Geburt.* Abgerufen am 08.11.2022, von https://traumageburtev.de/Ueber-uns/
Ullmann, U. (2021). Posttraumatische Belastungsstörung. *Der Unfallchirurg,* 124, 15–20. https://doi.org/10.1007/s00113-020-00930-3

UN Women Deutschland e.V. (2018). *Roses Revolution – Eine Aktion gegen Gewalt in der Geburtshilfe.* Abgerufen am 18.11.2022, von https://www.unwomen.de/informieren/beendigung-der-gewalt-gegen-frauen/roses-revolution-eine-aktion-gegen-gewalt-in-der-geburtshilfe.html

Universität Zürich (2022). *Mann-Whitney-U-Test.* Abgerufen am 06.12.2022, von https://www.methodenberatung.uzh.ch/de/datenanalyse_spss/unterschiede/zentral/mann.html

Vetter, K. (2001). Die Medikalisierung der Geburtshilfe – Gibt es Alternativen? In W. Künzel & M. Kirschbaum (Hrsg.). *Gießener Gynäkologische Fortbildung* (S. 82–87). Springer. https://doi.org/10.1007/978-3-642-59375-8_14

Waldenström, U. (1999). Experience of labor and birth in 1111 women. *Journal of Psychosomatic Research,* 47(5), 471–482 (1999). https://doi.org/10.1016/s0022-3999(99)00043-4

Waldenström, U., Borg, I. M., Olsson, B., Sköld, M., & Wall, S. (1996). The childbirth experience: a study of 295 new mothers. *Birth Issues in Perinatal Care,* 23(3), 144–153 (1996). https://doi.org/10.1111/j.1523-536x.1996.tb00475.x

Weidner, K., Garthus-Niegel, S. & Junge-Hoffmeister, J. (2018) Traumatische Geburtsverläufe: Erkennen und Vermeiden. *Zeitschrift für Geburtshilfe & Neonatologie,* 222(05), 189–196 (2018). https://doi.org/10.1055/a-0641-6584

Wijma, K., Söderquist, J., & Wijma, B. (1997). Posttraumatic stress disorder after childbirth: a cross sectional study. *Journal of Anxiety Disorders,* 11(6), 587–597 (1997). https://doi.org/10.1016/s0887-6185(97)00041-8

Wilson, L. M., Reid, A. J., Midmer, D. K., Biringer, A., Carroll, J. C., & Stewart, D. E. (1996). Antenatal psychosocial risk factors associated with adverse postpartum family outcomes. *Canadian Medical Association journal,* 154(6), 785–799 (1996). PMCID: PMC1487795; PMID: 8634957

Wirtz, M. A, (o.J.). *Über-Ich.* Abgerufen am 04.12.2022, von https://dorsch.hogrefe.com/stichwort/ueber-ich

Witt, S., Kristensen, K., Brandi, D., Kollmeyer, M. & Quitmann, J. (2021). Lebensqualität und Geburtserleben von Müttern und ihren Partnern im Rahmen des Elternkurses »Sicherer Hafen Hamburg«. *gynäkologische praxis,* 48, 242–252 (2021). Abgerufen am 18.11.2022, von https://berndtsteinkinder.de/wp-content/uploads/2021-Witt-et-al.-Qol-und-Geburtserleben-SiHa.pdf

World Health Organization (2015a). Sexuelle und reproduktive Gesundheit. Dramatische Zunahme von Kaiserschnitten. Abgerufen am 15.11.2022, von https://www.euro.who.int/de/health-topics/Life-stages/sexual-and-reproductive-health/news/news/2015/06/dramatic-increase-in-caesarean-sections

World Health Organization (2015b). *Vermeidung und Beseitigung von Geringschätzung und Misshandlung bei Geburten in geburtshilflichen Einrichtungen.* Abgerufen am 18.11.2022, von http://apps.who.int/iris/bitstream/handle/10665/134588/WHO_RHR_14.23_ger.pdf;jsessionid=3D831DFC187D07F2B45777EAEEC6EA01?sequence=22

Yildiz, P. D., Ayers, S. & Philips, L. (2017) The prevalence of posttraumatic stress disorder in pregnancy and after birth: A systematic review and meta-analysis. *Journal of Affective Disorders,* 208, 634–645 (2017). https://doi.org/10.1016/j.jad.2016.10.009

SPRINGER NATURE

GPSR Compliance

The European Union's (EU) General Product Safety Regulation (GPSR) is a set of rules that requires consumer products to be safe and our obligations to ensure this.

If you have any concerns about our products, you can contact us on ProductSafety@springernature.com

In case Publisher is established outside the EU, the EU authorized representative is:

Springer Nature Customer Service Center GmbH
Europaplatz 3
69115 Heidelberg, Germany

FSC
www.fsc.org
MIX
Papier | Fördert gute Waldnutzung
FSC® C083411

Kolibri 360 GmbH
Ferdinand-Jühlke-Straße 7
99095 Erfurt, Deutschland
produktsicherheit@kolibri360.de